»Worin besteht sie denn, die vielbeschworene bürgerliche Kultur Bremens? Schlüssig beschreiben lässt sie sich kaum, zeigen jedoch sehr wohl – man muss nur offenen Auges durch die Stadt spazieren.«
aus: »Was Bremen ist«
Bewerbung zur Kulturhauptstadt 2010

Temporäre »Nano-Installation« von Studierenden der Hochschule für Künste Bremen zum Thema »Kleben und Verbinden« vor dem Bremer Rathaus. Ein Kooperationsprojekt zwischen Kunst und Wissenschaft.

WUNDER
WEGE

**Parcours
zu Bremer Merkwürdigkeiten
aus Kunst und Wissenschaft**

**Band 1
Altstadt**

Fritz Haase und Gotthilf Hempel
im Auftrag der Freundes- und
Förderkreise der Hochschulen und
Museen im Lande Bremen

Haus der Wissenschaft

Hauschild

Wilhelm Olbers, Genie mit göttlicher Lenkung

Inhalt **WUNDERWEGE**

Inhalt

Vorwort des Bürgermeisters   7

Großer Olymp   8

Parcours 1

1. **Nasse Füße für Juden und Katholiken**   13
   Die Nähe von Davidstern und Christenkreuz
2. **Weltspraak för Hannel un Kultuur**   14
   Damit dem Platt nicht die Luft ausgeht
3. **Boheme und Blechtrommel**   16
   Gourmands des Jazz
4. **Empfindung: Schwarz**   17
   Erinnerungen an den 9.11.1938
5. **Ich bin ein Elefant Madame**   19
   Über viele Stationen zum »Standort Musik«
6. **Ein Erlass von Kaiser Justinian endet hier**   20
   Professor Heinrichs und das neue Schuldrecht
7. **Olbers blickt in die Sterne**   21
   Kometenlaufbahnen im Schatten des Doms
8. **Vom Arbeiterbildungsverein zum Haus der Wissenschaft**   22
   Haus Vorwärts
9. **Bremer Freiheit**   24
   Fassbinders Trauerspiel
10. **Hoch oben der Eiserne Kanzler**   26
    An Bremens windigster Ecke
11. **Von irdischen Missverständnissen**   29
    Was Freiherr Knigge mit Brahms verbindet
12. **Die »Apotheke Gottes«**   30
    Botanik für Theologen und Gläubige
13. **Skulptur mit Funktion**   33
    Bitte Einsicht gewähren
14. **Von exzellentem Ruf**   34
    Ein besonderer Ort der Bremer Stadtmusik

Inhalt **WUNDER WEGE**

Parcours 2

1. Sei gegrüßt und trinke wohl! Kostbare Vasen und Schalen aus Attika	39
2. Von der Kriminalpolizei zur Krimi-Bibliothek Die Stadtbibliothek im ehemaligen Polizeihaus	40
3. Pallas Athene und ein Genius Wilhelm-Olbers-Denkmal am Wall	43
4. Kunst in kollektivem Besitz Kulturpolitisches Wirken hinter Gildemeisters Fassade	44
5. Zwei weiße Schwestern Kunst und Design im Zentrum	46
6. Ein Spiegel der Gesellschaft Das Bremer Theater setzt experimentelle Punkte	48
7. Erinnern für die Zukunft Jürgen Waller kombiniert mit Herbert Kubica	50
8. Unverhüllt »Der Rosselenker« von Louis Tuaillon	51
9. Mit Brille wäre das nicht passiert »Das Ende« von Bernd Altenstein	52
10. Das Kabinett der großen Meister R. A. Schröder und »Das Graphische Kabinett«	53
11. Kunst aus Kunststoff »Die Raupe« von Bernd Uiberall	54
12. Hort und Hüter der Privilegien Das Staatsarchiv Bremen weiß (fast) alles über die Stadt	57
13. Eine Botschaft im doppelten Sinne Das ehemalige amerikanische Generalkonsulat	58
14. Das hundsgemeine Dreieck Oswald Matthias Ungers in Bremen	61
15. Dienstsitz des Finanzsenators nach einem Konkurs Gesamtkunstwerk Haus des Reichs	62

Parcours 3

1. Das Grauen begann an der Schlachte »Nosferatu« von Murnau	66
2. Der magische Realismus Friedo Lampe	68
3. Lobe den Herren, den mächtigen König der Ehren Neander in der St. Martini-Kirche	69
4. Vorrevolutionäre Ansichten über die Bremer Kaufmannslehrling Friedrich Engels	70

Inhalt

WUNDER WEGE

5. Rotes Herz und brauner Trank 73
Paracelsus in der Böttcherstraße

6. Kunst in der Böttcherstraße 74
Paula Modersohn-Becker und Bernhard Hoetger

7. Projektionen für Millionen 77
Olbers-Planetarium und Sternwarte

8. Die Weser in den Griff bekommen 78
Ludwig Franzius stoppt die Versandung

9. Von der Grünenstraße zur Ästhetik des Widerstandes 79
Peter Weiss – Schriftsteller, Maler, Filmemacher

10. Having been built on sand 80
Das Museum im Fluss schlägt neue Brücken

Parcours 4

1. Inhalt, Form und Formverwandlung 84
»Neptun-Brunnen« von Waldemar Otto

2. Abstrakte Fenster für eine alte Kirche 86
Die Farbkompositionen des Alfred Manessier

3. Noch ein Bremer Kaufmannslehrling auf Abwegen 89
Friedrich Wilhelm Bessel

4. Anstelle eines so bedeutungsvollen Bauwerks 90
St. Ansgarii, Carl Friedrich Gauß & Heinrich von Zütphen

5. Endlich ein ausgewogenes Verhältnis 91
Die Günter-Grass-Stiftung in der Stadtwaage

6. Den Brüdern zur Ehre 92
Was die Stadtmusikanten mit Um- und Ablauten gemein haben

7. Ungebrochene republikanische Tradition 94
Weltkulturerbe Bremer Rathaus

8. Schade, dass man Wein nicht streicheln kann 98
Der Bremer Ratskeller

9. Nicht nur ein Traum vom Fliegen 101
Die Stadt der Luft- und Raumfahrt

10. Solange der Roland steht 102
Schutz und Freiheit für die Bremer

11. Handwerklich angewandte Naturwissenschaft 105
Die Raths-Apotheke

12. Begegnungen mit der Wissenschaft 106
Der Club zu Bremen

13. Interpretationen einer Nahrungsquelle 109
»Der Tröpfler« von Daniel Spoerri

14. Ein kompromissloser Kompromiss 110
Haus der Bürgerschaft und Skulpturenhof

Detail aus der Skulptur »Besselei« vom Künstler Jürgen Goertz, mit dem Hinweis auf Bessels Parallaxenmessung des Fixsterns »61 Cygni« mit dem Fraunhoferschen Heliometer 1837

Vorwort **WUNDER WEGE**

Wunderwege – Wanderwege

Wissenschaft und Kunst haben in Bremen viele Spuren hinterlassen, manche sind verblasst, andere noch deutlich sichtbar. Im 19. Jahrhundert haben die Bremerinnen und Bremer eher ihren Wissenschaftlern als den Politikern Denkmäler gesetzt. Die wissenschaftlichen Vereinigungen und die Freunde der großen Museen, vor allem der Kunstverein, waren und sind wichtige Elemente unserer Stadtgesellschaften. Die Freundeskreise der Universitäten und Hochschulen im Lande schaffen Verknüpfungen zwischen Stadt und Wissenschaft. Die Ernennung Bremens und Bremerhavens zur »Stadt der Wissenschaft 2005« ist in erheblichem Maße auch ihrem Wirken zu danken.

Die Vorsitzenden der Fördervereine der Hochschulen und wissenschaftlich orientierten Museen haben sich für gemeinsame Projekte zu einem Aktionskreis, dem »Großen Olymp«, zusammengeschlossen. Der vorliegende Wanderführer ist die erste Frucht solchen gemeinschaftlichen Tuns.

Mit Begeisterung und Sachkenntnis haben sich die Herausgeber sowie ihre Mitarbeiterinnen und Mitarbeiter auf die Spurensuche gemacht und ihre Funde textlich und fotografisch so dokumentiert, dass es Spaß macht, ihnen auf ihren Wunder- und Wanderwegen zu ausgewählten, oft unbeachteten Stätten der Wissenschafts- und Kunstgeschichte zu folgen. Mögen sich viele Bremer Bürgerinnen und Bürger und ihre Gäste mit diesem Buch auf den Weg machen.

Jens Böhrnsen

Jens Böhrnsen
Bürgermeister

Bremen, im November 2006

Vorwort | **WUNDER WEGE**

Großer Olymp

Im Ratskeller zu Bremen, wo der Geist des Weines einst Heine, Engels, Hauff und Ringelnatz speiste, saßen im Spätwinter 2005 zehn Freunde der Wissenschaft. Es waren die Vorsitzenden der Fördervereine der Universitäten, Hochschulen und großen Museen im Lande Bremen. Sie wollten der »Stadt der Wissenschaft 2005« ein Denkmal stiften. Der erste Anstoß kam von Manfred Meyersieck. Er wollte als Bremer Neubürger die Wissenschaftslandschaft erwandern, um sich die Beiträge Bremens für die Natur- und Geisteswissenschaften und für die Geschichte der Architektur und Kunst zu erschließen. Wanderwege mit vielen Haltepunkten sollen es werden – zuerst in der Altstadt Bremens und in Bremerhaven und dann in immer größeren Kreisen das ganze Land erfassend. »Seine« Firma Atlas Elektronik ist mit Ortungen und Lotungen gut vertraut, und so übernahm er die Kartographie. Mit der Zahl der Schoppen voll »Nitteler Leiterchen 2003« wuchs schnell die Zahl der Vorschläge für Haltepunkte. Längst ging es nicht nur um Bessel und Olbers, die großen Astronomen. Fassbinder und Zadek kamen ins Spiel und die großen Direktoren der Kunsthalle. Friedrich Engels als Kaufmannseleve und Neander als Fiefenprediger wurden genannt. Schließlich fasste man einen Doppelbeschluss: Erstens ein Parcours zu Bremer Merkwürdigkeiten – im wahren Wortsinne – sollte entstehen und zweitens ein Wissenschaftsführer für Bremen und Bremerhaven – wir nannten ihn unsere »Gelben Seiten«. Zu ihnen sollten Karsten Vilmar und die Geschäftsstelle der Wittheit zu Bremen Adressen und Informationen sammeln. Anfang 2007 wird dieses Kompendium erscheinen.

Vier Männer bildeten den Redaktionsrat. Weil sie im »Kleinen Olymp« tagten, nahmen sie dessen Namen an und nannten den größeren Kreis der Vorsitzenden den »Großen Olymp«. Ihm war gelegentlich über den Fortgang der Arbeiten zu berichten.

Das Parcours-Projekt entwickelte eine Eigendynamik. Zuerst sollten es kurze Texte als Erläuterung zu den Parcourskarten sein. Dann wuchs die Lust am Erzählen. Neue Merkwürdigkeiten fielen uns ein und füllten langsam dieses Buch. Hilmar Bender lieferte gemeinsam mit Gotthilf Hempel die Texte auf Grundlage von Literaturstudien und Informationen aus den beschriebenen Einrichtungen. Das grafische Konzept lag in den Händen von Fritz Haase und Matthias Ramsch, HfK Bremen.

Als alles fast fertig war, stellte Fritz Haase fest: »*Das fotografische Archivmaterial ist nicht gut genug.*« So zog er mit seiner Kamera durch die Innenstadt, wartete auf die seltenen Sonnenstrahlen auf Spoerris Fleischwölfe oder auf Schild und Gürtelschnalle des Roland. Unsere Lust zu fabulieren, formulieren und fotografieren hat das Werk bereichert, jedoch nicht beschleunigt. Aber wenn Leserinnen und Leser Lust bekommen, Merkwürdigkeiten in Bremens Innenstadt zu erwandern, so hat sich der Aufwand gelohnt – einschließlich der großen Sorgfalt, mit der der Verlag Hauschild das Buch herausgebracht hat. Natürlich steckt auch ein beträchtlicher finanzieller Aufwand darin. Ihn teilen sich die Fördervereine, Bremen Marketing GmbH und mehrere Sponsoren aus der Bremer Wirtschaft, vor allem die Handelskrankenkasse (hkk) und Atlas Elektronik.

Die nächsten Wanderungen sollen uns durch Bremerhaven führen. Da gibt es viel zu entdecken – nicht umsonst wurde Bremerhaven gemeinsam mit Bremen zur Wissenschaftsstadt 2005 gewählt.

Wir wünschen den Leserinnen und Lesern fröhliches Wundern beim Wandern von einer Merkwürdigkeit zur anderen.

Redaktionsgruppe. Von links nach rechts: Prof. Fritz Haase, Prof. Dr. Gotthilf Hempel, Hilmar Bender, Matthias Ramsch

Parcours 1 : **WUNDER WEGE**

Parcours 1
Empfindungen, Entdeckungen und Neubewertungen: vom Schnoor aus einmal um den Dom umzu

1. Kirche St. Johann
2. Institut für niederdeutsche Sprache Schnoor 41-43
3. Haus Schnoor 1-2
4. Gedenkstein a. Landherrnamt Dechanatstraße
5. Altes Gymnasium Dechanatstraße 13-15
6. Gerichtsgebäude Domsheide 16
7. Wilhelm Olbers Sandstraße 15
8. Haus Vorwärts Sandstraße 4/5
9. Gesche-Gottfried-Spuckstein Domshof
10. Bismarck-Reiter-Denkmal Domshof
11. St. Petri Dom
12. Bibelgarten St. Petri-Innenhof
13. Aufsichtsturm Domsheide
14. Die Glocke Domsheide

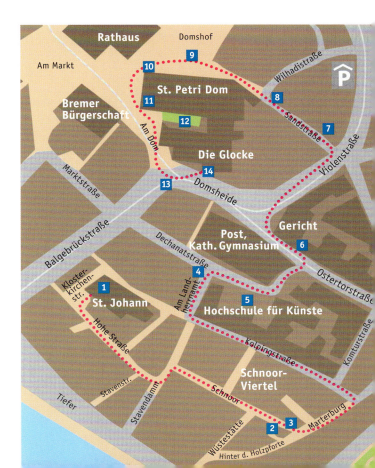

Parcours 1 **1 Kunst**

⤳ **Kirche St. Johann** Klosterkirchenstraße

Nasse Füße für Juden und Katholiken
Die Nähe von Davidstern und Christenkreuz

Touristen stellen häufig die Frage, ob diese Kirche vielleicht eine Synagoge gewesen ist. Nein, war sie nie, wohl aber Klosterkirche der Franziskaner, anschließend reformiert, da für einen Zeitraum von 250 Jahren das katholische Leben in Bremen unterdrückt wurde.

Als die Franzosen näher rückten, bot man den Katholiken Anfang des 19. Jahrhunderts ein Gotteshaus an, und sie wählten jenes zwischen Stadt und Fluss im Arme-Leute-Viertel Schnoor. Hier lebte auch der Kern der jüdischen Gemeinde.

linke Seite:
Das moderne Birgittenkloster, die erste Klostergründung in Bremen seit 1285, hat kein Hochwasser mehr zu fürchten

Soweit die geografischen Gemeinsamkeiten von Juden und Katholiken, denen bei vier oder mehr Hochwassern im Jahr die Weser in die Häuser lief. In St. Johann erhöhten die Katholiken deshalb 1820 den Fußboden um ganze drei Meter, um wenigstens beim Gottesdienst trockene Füße zu behalten.

Der Davidstern im Giebel von St. Johann ist nachweislich erst um 1888 entstanden und lässt eine Vielzahl von Interpretationen zu. Als religiöses Symbol wird er nicht ausschließlich von Juden verwandt, vielmehr waren es erst die Nazis, die den Juden den Davidstern als Icon aufgezwungen haben.

Westgiebel von St. Johann

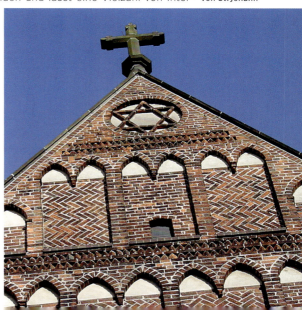

Am Turm der Marktkirche in Hannover findet sich neben einem Davidstern sogar noch ein Pentagramm.

Parcours 1 — **2 Wissenschaft**

→ **Institut für niederdeutsche Sprache** Schnoor 41-43

Weltspraak för Hannel un Kultuur
Damit dem Platt nicht die Luft ausgeht

Der »Ottjen-Alldag-Brunnen« erinnert an den plattdeutschen Schriftsteller Georg Droste. Skulptur von Claus Homfeld

rechte Seite: Das Institut für niederdeutsche Sprache im Schnoor

Sprache unterliegt einem beständigen Wandel. Über ihren Verfall wird seit 2000 Jahren geklagt. Im Mittelalter war das Niederdeutsche oder Platt die Weltsprache des hansischen Wirtschaftsraumes. Seitdem hat es beständig an Bedeutung eingebüßt.

Als Schriftsprache ist Platt vom Hochdeutschen verdrängt worden, hat sich aber als gesprochene Sprache behaupten können. Ehrlich gesagt, wer konnte schon tatsächlich lesen in den vergangenen Jahrhunderten?

Das niederdeutsche Platt plagt sich seither mit einem diffusen Image, irgendwo zwischen Familien- und Nachbarschaftssprache der kleinen Leute verortet. Es kann sich nur schwer von einem Stigma der Minderwertigkeit befreien und ist dennoch heute sehr lebendig, weil es den Menschen eine ganz persönliche Freiheit gibt. In Platt kann man sich deutlich, verständlich und frei heraus ausdrücken.

Das Institut für niederdeutsche Sprache hat den staatlichen Auftrag, sich gegen Verfall und Bedeutungsverlust dieses Kulturgutes zu richten. Es dokumentiert daher nicht nur Vorhandenes, sondern fördert die Sprache mit einem betonten Bezug zur Gegenwart. Das Institut versteht sich als der zentrale Knotenpunkt im Netz der Freunde und Benutzer der niederdeutschen Sprache und steht für jedermann offen.

Weiterlesen
www.ins-bremen.de

Parcours 1 | **3 Kunst**

⤳ **Haus Schnoor 1-2** (heute »Ausspann«)

Boheme und Blechtrommel
Gourmands des Jazz

»Grass and friends« in den 1950er Jahren beim Musizieren. »Flötchen« Geldmacher (rechts), Grass am Waschbrett und Günter Scholl an der Gitarre

Der Maler und Jazzmusiker Horst Geldmacher zog nächtens mit Dudelsack oder Flöte durch den Schnoor und sorgte Ende der 1950er Jahre für tolle Stimmung in der wilden, bohemienen Schnoor-Künstlerszene um den Galeristen, Maler und Rathaus-Restaurateur W. Olsztynski. Literatur-Nobelpreisträger Günter Grass hat Horst Geldmacher als »Egon Münzer«, genannt »Klepp«, in der Blechtrommel verewigt.

Dort liegt besagter Münzer alias Klepp tagelang in seinem Bett und ernährt sich ausschließlich von Spaghetti mit Tomatensauce. Mit der Hauptfigur Oskar, dem Mann mit der Blechtrommel, teilt er die Nudeln, die diesem fortan als ein kulinarischer Wertmesser gelten sollen, obgleich deren Zubereitungsart mit dem immer gleichen Wasser, liegend im Bett getätigt, beim Leser auch andere Assoziationen als die eines wohlschmeckenden Mahles hervorrufen könnte.

Das Haus Schnoor 1-2 beherbergte zu Geldmachers Zeiten das erste Feinschmecker-Restaurant Bremens. Der äußerst kunstengagierte Gastronom Wolfgang Fritz lud Geldmacher ein, die Dachschrägen mit Wandmalereien, die heute leider übertüncht sind, auszuschmücken. Geldmacher und Grass dokumentierten ihre musikalische Verbundenheit anschließend in einem gemeinsam herausgegebenen Jazz-Bilderbuch.

Gezeichnete Postkarte für Walter Höllerer zu Neujahr 1959 – das früheste Portrait »Oskars«

Der Stil der Wandmalereien im Schnoor 1-2 ähnelte den Illustrationen aus dem Jazz-Bilderbuch »O Susanna«

Weiterlesen
»O Susanna«, ein Jazz-Bilderbuch von Günter Grass und Horst Geldmacher; »Die Blechtrommel« von Günter Grass

Weitergehen
»Endlich ein ausgewogenes Verhältnis«, Günter-Grass-Stiftung, Parcours 4

Parcours 1 **4 Kunst**

⋯▸ **Gedenkstein am Landherrnamt** Dechanatstraße

Empfindung: Schwarz
Erinnerungen an den 9.11.1938

Auf dem Weg zu der schwarzen Skulptur am Landherrnamt passieren wir in der Kolpingstraße, die früher Gartenstraße hieß, eine Tafel, die an die Bremer Synagoge erinnert. Hier stand die Synagoge, die in der Reichspogromnacht, unter Aufsicht der Feuerwehr, die die benachbarten Gebäude schützte, niedergebrannt wurde. In dieser Novembernacht wurden fünf Juden in Bremen ermordet, 160 mussten in Nachtkleidung, so wie sie aus dem Bett geholt worden waren, zum Teil ohne Schuhe, einen langen Fußmarsch vom Standort der Skulptur bis zum Gefängnis in Oslebshausen antreten.

Hans D. Voss

Hans D. Voss erinnert mit dem schwarzen Monument an diese Nacht und ihre Opfer. Schwarz ist im Spätwerk des Künstlers Voss die einzige Farbe, mit der er gearbeitet hat. Über die Jahre hat Voss fast ausschließlich Collagen und Serigrafien geschaffen. Das Feld der Serigrafie hat er künstlerisch bereichert, indem er den Reliefdruck als wegweisende, neue Technik einführte und zur Anwendung brachte.

»Collage '67« (1967)

Voss betrieb mit seiner Frau über viele Jahre »Die kleine Grafik Galerie« in der Wüstestätte im Schnoor und ging ab den 1970er Jahren verschiedenen Lehraufträgen an Bremer Hochschulen nach.

Die Enthüllung seiner einzigen Skulptur 1982 hat Voss selber nicht mehr erlebt.

···❯ **Altes Gymnasium** Dechanatstraße 13-15

Ich bin ein Elefant Madame
Über viele Stationen zum »Standort Musik«

Die Ursprünge des »Alten Gymnasiums« reichen zurück bis zum *Gymnasium illustre*, das 1528 als evangelische Gelehrtenschule gegründet wurde und quasi die Bremer Ur-Bildungsstelle darstellt.

Auf dem Balkon des 1873 von Baudirektor Alexander Schröder errichteten neoklassizistischen Gebäudes spielt die Schlüsselszene eines eigenwilligen Zeitdokumentes: In *Ich bin ein Elefant Madame* steht die Autorität, verkörpert durch das versammelte Lehrerkollegium, rat- und machtlos einer aufgebrachten Schülermenge gegenüber, die sich in Solidarität mit einem suspendierten Mitschüler zu üben sucht.

Peter Zadek gibt Regieanweisungen

Peter Zadeks Spielfilmdebut entstand 1968 während seiner Zeit als Regisseur am damals legendären Bremer Theater. Zadek schuf einen zeitnahen Kommentar zu den hochaktuellen sozialrevolutionär motivierten Studentenprotesten. Derart nah am Geschehen – und zwar ohne die Möglichkeiten, die ein Rückblick erlaubt – war kein anderer Filmschaffender seiner Zeit.

Filmszene auf dem Marktplatz

Seit 1988 versetzt der Fachbereich Musik der Hochschule für Künste das Gebäude in überwiegend harmonische Schwingungen. Ausgebildet werden junge Instrumentalisten, Sänger, Musikerzieher und Kirchenmusiker. Aber auch mit unzähligen Veranstaltungen vom Soloabend bis zum Orchesterkonzert hat sich dieser »Standort Musik« der Hochschule einen festen Platz auf der innerstädtischen Kulturmeile gesichert. Musik an 365 Tagen. Öffentlich. Was umso wichtiger ist, als der Fachbereich Kunst und Design fernab im Speicher XI zur Belebung der Überseestadt beiträgt.

Filmszene mit Lehrerkollegium. Heute umspielen leise Töne besagten Balkon.

Parcours 1 **6 Wissenschaft**

Gerichtsgebäude Domsheide 16

Ein Erlass von Kaiser Justinian endet hier
Professor Heinrichs und das neue Schuldrecht

Das Schuldrecht unseres Bürgerlichen Gesetzbuches (BGB) entsprach bis vor kurzem einer uralten Vorlage.

Im 6. Jahrhundert erließ der oströmische Kaiser Justinian den *Corpus juris civilis*. Er regelte, in seinen Grundprinzipien von römischen Juristen entwickelt, das Kaufrecht für den Verkauf von Sklaven und Zugvieh.

Inhaltlich entsprach die Kernmaterie – das Schuldrecht – des BGB weitgehend dem *Corpus juris civilis*.

Dem Bremer Richter Helmut Heinrichs haben wir eine Neufassung zu verdanken. Die von ihm erarbeitete Anpassung an die Erfordernisse des 21. Jahrhunderts enthält die Berücksichtigung des Verbraucherschutzes und stellt eine weltweite Rechtsvereinheitlichung in den Mittelpunkt.

Nach einem langwierigen und heftig umstrittenen Reformprozess konnte das Gesetz zur Modernisierung des Schuldrechts am 1. Januar 2002 in Kraft treten.

Heinrichs, 1928 in Bremen geboren, war im Gerichtshaus an der Domsheide viele Jahre als Richter tätig. Als erfahrener Zivilrichter und Kommentator des BGB wurde er vor einem Vierteljahrhundert in die Reformkommission des Bundesjustizministeriums berufen, um jenen kaiserlichen Erlass aus grauer Vorzeit grundlegend zu modernisieren.

Parcours 1 | **7 Wissenschaft**

⋯⋗ **Wilhelm Olbers** Sandstraße 15

Olbers blickt in die Sterne
Kometenlaufbahnen im Schatten des Doms

Ein ehemaliger Schüler des *Gymnasium illustre*, Wilhelm Olbers (1758-1840), studierte Medizin in Göttingen und praktizierte ab 1781 als Arzt in Bremen. Neben seiner Tätigkeit beschäftigte sich Wilhelm Olbers in seiner Freizeit mit der Astronomie, in der er weitreichende Kenntnisse erwarb. Es gelang ihm, Kometenbahnen zu berechnen und die Planeten Pallas und Vesta zu entdecken, einen dritten den Ceres, konnte er wieder aufspüren.

Seine Passion entwickelte sich zu einer bedeutenden Arbeit im Dienste der Wissenschaft und machte Bremen zeitweilig zum Zentrum der Astronomie. Häufig traf Olbers mit den gleichgesinnten Mathematikern Friedrich Bessel und Carl Friedrich Gauß zum akademischen Austausch zusammen.

In seinem Privathaus Sandstraße 15 errichtete Olbers eine Sternwarte. Man stelle sich zwei Erker im ersten Stockwerk des Hauses vor, die sich, dank spezieller Klappen, zum Himmel öffnen ließen.

In den letzten zehn Jahren seines Lebens war der anerkannte und ausgezeichnete Wissenschaftler krank und konnte nicht mehr zu seinen geliebten Instrumenten emporsteigen.

Wilhelm Olbers, Genie mit göttlicher Lenkung

Weitergehen
»Pallas Athene und ein Genius«
Wilhelm-Olbers-Denkmal
Parcours 2

Parcours 1 | **8 Wissenschaft**

⇢ **Haus Vorwärts** Sandstraße 4/5

Vom Arbeiterbildungsverein zum Haus der Wissenschaft
Haus Vorwärts

Kübelwagen mit roter Fahne eines Berliner SDS-Frontkämpfers. Szene aus dem Film »Ich bin ein Elefant Madame« von 1968, dem Jahr der Studentenbewegungen. (Siehe Parcours 1)

Am 30. September 2005 wurde in der Sandstraße das »Haus der Wissenschaft« eröffnet. Es war eines der rund 150 Häuser der Dom-Immunität, die von 1648 bis 1719 der schwedischen Krone gehörten und anschließend an Hannover fielen. Es war eine lutherische Enklave im calvinistisch regierten Bremen.

Im 18. Jahrhundert wohnten im heutigen Haus Sandstraße 5 Ratsherren, während daneben eine Armenschule eingerichtet wurde, über die der berühmte Freiherr Knigge als hannoverscher Oberhauptmann zeitweilig Aufsicht führte. Ein Jahrhundert später, 1853, wird das Haus durch den Verein Vorwärts zu einem Zentrum der Arbeiterbildung in Deutschland. Die junge Bremer Zigarrenindustrie hatte ein städtisches Proletariat entstehen lassen, das von den meisten Bürgern mit Abscheu betrachtet wurde. Einzelne Bremer Fabrikanten und Kaufleute wollten die Arbeiter von »Kartenspiel und Trunk« abhalten. Sie boten ihnen im Verein Kurse im Lesen und Schreiben und viel Turnen und Gesang. Der Verein fand großen Zuspruch, immer mehr Häuser wurden hinzugekauft. In den 1960er Jahren ging die Nachfrage zurück und verschob sich. Die Gebäude waren in schlechtem Zustand – der Abriss drohte. Der Denkmalschutz rettete den Gebäudekomplex. Die Polizei übernahm ihn für fast drei Jahrzehnte. Dann standen die Häuser, die untereinander verbunden sind, wieder leer.

»Wissen um 11« ist eine Wissenschaftsmatinee, in der spannende und aktuelle Themen der Wissenschaft jeden Sonnabend um 11.00 Uhr in 30 Minuten vorgestellt werden. Eintritt frei.

Die Dr. Hübotter Grundstücks-GmbH hat sich in Bremen schon mehrfach als Spezialist für den Umgang mit denkmalgeschützter Bausubstanz hervorgetan. Nach einem großzügigen Umbau, der die alten Häuser innen verschmolz, die Außenansicht aber nicht antastete, hat die Wissenschaft im Lande Bremen mit all ihren Hochschulen, Forschungsinstituten und alteingesessenen wissenschaftlichen Vereinen nun mitten in der Altstadt ein Zentrum erhalten.

Parcours 1 · **9 Kunst**

···> **Gesche-Gottfried-Spuckstein** Domshof

Bremer Freiheit
Fassbinders Trauerspiel

Hier wurde das Urteil 1831 vollstreckt

Die dreifache Giftmörderin Gesche Gottfried war die letzte Person, die in Bremen öffentlich hingerichtet wurde. Zur Erinnerung an den Ort ihres Todes im Jahre 1831 ist ein so genannter Spuckstein im Boden eingelassen.

Rainer Werner Fassbinder greift während seiner Arbeitsaufenthalte in Bremen 1971 mit seinem Theaterstück *Bremer Freiheit* die reale Geschichte der Gesche Gottfried auf, ohne, wie es manche Bremer an diesem Ort tun, auf sie zu spucken.

Fassbinders Interesse gilt allein dem Themenkomplex Gewalt, Gegengewalt und deren Legitimation. Kann sich ein Opfer mit Gewalt aus der Unterdrückung befreien, ohne selbst zum Täter zu werden?

Fassbinders »Bürgerliches Trauerspiel« beleuchtet das Motiv der Mörderin vor den sozialen und psychologischen Hintergründen und wird als Beitrag zur emanzipatorischen Diskussion betrachtet.

Zwei Jahre nach der Premiere seines Theaterstückes hat Fassbinder die Geschichte unter dem gleichen Titel selbst verfilmt.

Margit Carstensen als Gesche Gottfried

rechte Seite:
Zellentrakt in der ehemaligen Ostertorwache, in der Gesche Gottfried in Haft saß.
(Siehe auch »Zwei weiße Schwestern«, Parcours 2)

unten:
Theaterzettel zur Premiere »Bremer Freiheit«, 1971

Regisseur Rainer Werner Fassbinder mit Bühnenbildner Wilfried Minks im Concordia, 1971

Parcours 1 — **10 Kunst**

⇢ **Bismarck-Reiter-Denkmal** Domshof

Hoch oben der Eiserne Kanzler
An Bremens windigster Ecke

Es mag einmalig in Deutschland sein, dass in Bremen für sämtliche Obrigkeitsdenkmäler die ranghöchste Form, das Reiterstandbild, gewählt wurde. Allerdings waren es derer nur drei. Wilhelm I. wurde im 2. Weltkrieg eingeschmolzen, Moltke hängt als Steinrelief am Liebfrauenkirchturm, und Friedrich III. von Tuaillon steht, etwas außerhalb, an der Hermann-Böse-Straße.

Herausragend ist der Eiserne Kanzler. Schon wenige Tage nach dem Tode Bismarcks entschlossen sich Senat und einflussreiche Bürger zu einem Denkmal für den Reichsgründer und Bremer Ehrenbürger. Ein traditionsreicher, möglichst von Monumentalbauten geprägter Platz sollte es sein. Das Ringen um einen geeigneten Standort für das Bismarck-Denkmal dauerte zwölf Jahre.

Schließlich wurde die nördliche Ecke des Doms vorgeschlagen und auserwählt. Auf sechs Meter hohem Sockel sollte das Denkmal, geschaffen von Adolf von Hildebrand, vom Domshof gut zu sehen sein, mit einer angemessenen Architektur im Hintergrund.

Die hohe künstlerische Qualität und die politisch-historische Bedeutung des Denkmals veranlassten die Behörden 1942, das Standbild vom Sockel zu nehmen und eingemauert in der Nordseite des Doms zu verstecken. Seit 1952 reitet der bronzene Kanzler wieder so hoch auf seinem Postament, dass er einem beim Vorbeieilen an dieser zugigen Ecke oft gar nicht bewusst wird.

Respektvoll gingen die Bremer noch nie mit ihren Denkmälern um, zumindest nicht in der Freimarktszeit

⤳ **St. Petri Dom**

Von irdischen Missverständnissen
Was Freiherr Knigge mit Brahms verbindet

Adolph Freiherr Knigge hatte viele Talente und ein wechselhaftes Leben, das ihn quer durch die Lande und schließlich nach Bremen trieb. Eine Unmenge von Adjektiven wird ihm zugeordnet: intelligent, scharfsinnig, witzig, gesellig, heiter, optimistisch, leidenschaftlich, liberal und gütig, manchmal spöttisch, sarkastisch, aber selbstironisch, jederzeit agil, doch auch leichtsinnig. Kurzum: Er besaß alles, was einen unterhaltsamen Popstar ausmacht, der alle Seiten des Lebens kennt.

Adolph Freiherr Knigge, kurfürstlich-hannoverscher Oberhauptmann in Bremen und Scholarch der Domschule, Verfasser des berühmten Buches »Über den Umgang mit Menschen«

Knigge komponierte Sonaten auf starkem Papier, damit man gegebenenfalls noch Schuhe darin einwickeln könne, und war ein hoch produktiver Schriftsteller, der mit nur 44 Jahren als Weltlicher im Dom seine letzte Ruhe fand. Über Benimmregeln hat Knigge – so wie es jeder denkt – tatsächlich aber wenig geschrieben.

Von einem weiteren großen Missverständnis kann der Bremer Dom erzählen: Johannes Brahms hatte die Partitur zu einem seiner größten Werke, einem Requiem, in Zürich vollendet und auf der Suche nach einer Aufführungsmöglichkeit an einen Bremer Freund geschickt. Der erkannte die Qualität und löste unter Musikern eine Mundpropaganda aus, die den Violinvirtuosen Joseph Joachim schon erreicht hatte, als dieser von Brahms zu Unrecht beschuldigt wurde, die vermisste Partitur zu horten. Nachdem sich die Wogen der Verärgerung geglättet hatten, schloss sich der Zirkel damit, dass *Ein Deutsches Requiem* an Karfreitag 1868 im Bremer Dom, von Brahms selbst dirigiert, eine phänomenale Premiere bekam. Clara Schumann applaudierte begeistert.

Selig sind die Toten, die in dem Herrn sterben, von nun an. Ja der Geist spricht, daß sie ruhen von ihrer Arbeit; denn ihre Werke folgen ihnen nach. (Off. Joh. 14, 13)
in: »Ein Deutsches Requiem« von Johannes Brahms

Clara Schumann und Johannes Brahms

Weiterhören
»Ein Deutsches Requiem«, CD
Einspielung aus dem Bremer St. Petri Dom
Leitung: Wolfgang Helbich, MDG Gold / Naxos

Parcours 1 | **12** Wissenschaft

⇢ **Bibelgarten** St. Petri-Innenhof

Die »Apotheke Gottes«
Botanik für Theologen und Gläubige

Der Bibelgarten im alten Klosterhof am St. Petri Dom zeigt die Pflanzen der Bibel. Namentlich: Aaronstab, Christrose, Jakobsleiter; inhaltlich: Olive, Wein, Weihrauch; oder allegorisch: Apfel, Feige, Distel.

Heilkräuter ergänzen die biblische Botanik, denn klösterliche Heilgärten waren traditionell die »Apotheke Gottes«. Die Botschaft der Bibel zeigt hier, direkt am Dom, ihre Erdverbundenheit. Der Dialog mit Gott kann »durch die Blume« stattfinden: Pflanzen werden zu einem Gleichnis für Gottes Gegenwart. Die Schöpfung als Hort versteckter Hinweise.

Das Wissen um die heilende Wirkung von Kräutern wurde gerade in den Klöstern wachgehalten: Man wusste, dass die Gesundheit von Körper und Seele zusammen gehören. Das ganzheitliche christliche Menschenbild kann der Medizin auch heute noch wichtige Impulse geben. Heilung und Heil gehören zusammen.

Der Bibelgarten im Herzen der Stadt ist eine kleine Oase, ein Ort der Ruhe und Besinnung. Jede der über 100 Pflanzen erzählt eine eigene Geschichte, die man in der Bibel nachlesen kann.

Der Garten ist ganzjährig geöffnet und tagsüber frei zugänglich. Frostempfindliche Mittelmeerpflanzen (Papyrus, Zitrone, Oleander, Palme) befinden sich in der kalten Jahreszeit allerdings im Winterquartier.

Parcours 1 **13** Kunst

⇢ **Aufsichtsturm** Domsheide

Skulptur mit Funktion
Bitte Einsicht gewähren

Der dänische Künstler und documenta-Teilnehmer Per Kirkeby schildert in seinem Prosaband *Nachbilder*, wie es dazu kam, dass er, als bildender Künstler, einen »Straßenbahnverkehrs-Regulierungsturm« für die Domsheide ohne Honorar entwarf.

Es war der unaufhaltsame Wille des Senatsdirektors der Baudeputation, Prof. Eberhard Kulenkampff, den Kirkeby als knorrigen Typen mit Hang zum Skurrilen beschreibt, der es gegen verschiedene Widerstände durchsetzte, dass Kirkeby schließlich den Auftrag für den Turm erhielt.

Kulenkampff hatte das Werk Per Kirkebys in einer Ausstellung kennen und schätzen gelernt. Von der neoexpressionistischen Ölmalerei und den Backstein-Plastiken zeigte er sich so begeistert, dass für ihn kein anderer Künstler mehr in Frage kam.

linke Seite:
Wenn man Glück hat, sieht man den Turm bemannt

Kirkeby schuf eine Backstein-Skulptur mit einem Zweck. Sie wurde sein einziges Kunstwerk mit einer Funktion.

Der Turm, der 1987 fertig gestellt wurde, war eine Forderung der Verkehrsbetriebe und sollte Einsichten am Straßenbahnknoten Domsheide in alle Himmelsrichtungen gewähren.

Per Kirkeby,
»Wanås«, 1994,
Skulptur ohne Funktion

Parcours 1 | **14** Kunst

⇢ **Die Glocke** Domsheide

Von exzellentem Ruf
Ein besonderer Ort der Bremer Stadtmusik

Der große Saal betört alle Sinne

Mitte des 17. Jahrhunderts hatte die Gelehrtenschule und später das Athenäum als Ursprung des Alten Gymnasiums genau hier, seitlich an den Dom anschließend, ihren inspirierenden Ort. Der Künstlerverein unterhielt dort später ein Gesellschaftshaus, das 1915 abbrannte. 1928 stellte Walter Görig die Glocke in ihrer heutigen Form fertig. Anregung für den expressiv gotischen Treppengiebel hatte die bis 1869 existierende Form des Giebels geliefert. 1997 wurde »Die Glocke« vollständig renoviert, um das Art Déco Gesamtkunstwerk in neuem Glanz wieder aufleben zu lassen.

Die Glocke ist bis heute das glanzvolle Zentrum des Musiklebens in Bremen. Hier wird Musik nicht nur wegen der exzellenten Akustik genossen – selbst von Karajan bemerkte dies. An diesem Ort wird Musik erdacht, erzogen und erschaffen, mit besonderem Augenmerk auf Kinder und Jugendliche.

So führte das Landesjugendorchester im Jahre 2002 zu der restaurierten Fassung von Fritz Langs Stummfilm-Klassiker *Metropolis* die von Gottfried Huppertz komponierte Originalmusik auf. Film, Musik und Konzertsaal, alle aus dem Jahre 1928, bewiesen an jenem Abend die Langlebigkeit großer Kunst und setzten eines von zahlreichen Zeichen für die Musikstadt Bremen.

unten rechts: Die »Bremer Philharmoniker«

unten: »STOMP-Workshop« mit Kindern und Jugendlichen

Parcours 2 | **WUNDER WEGE**

Parcours 2
Kunst und Architektur mit Attitüde: der Wall zwischen Herden- und Ostertor

1. **Antikenmuseum im Schnoor** Marterburg 55-58
2. **Stadtbibliothek** Am Wall 201
3. **Wilhelm-Olbers-Denkmal** Wallanlagen
4. **Kunsthalle** Am Wall 207
5. **Gerhard Marcks Haus** und **Wilhelm Wagenfeld Haus** Am Wall 208/209
6. **Theater am Goetheplatz**
7. **»Jüngling«** und **»Lidice«** Wallanlagen
8. **»Der Rosselenker«** Wallanlagen
9. **»Das Ende«** Wallanlagen
10. **»Das Graphische Kabinett«** Rembertistraße 1a
11. **»Die Raupe«** Präs.-Kennedy-Pl.
12. **Staatsarchiv Bremen**
13. **Ehemaliges amerikanisches Generalkonsulat** Präsident-Kennedy-Platz
14. **Contrescarpe Center** Herdentor
15. **Haus des Reichs** Rudolf-Hilferding-Platz

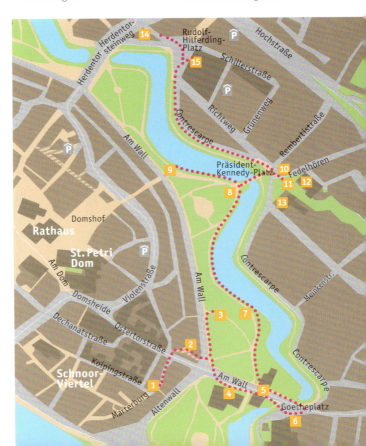

Parcours 2 **1 Kunst**

⤳ **Antikenmuseum im Schnoor** Marterburg 55-58

Sei gegrüßt und trinke wohl!
Kostbare Vasen und Schalen aus Attika

Seit Jahrzehnten sammelt das Bremer Ehepaar Zimmermann Meisterwerke griechischer, insbesondere attischer Vasenkunst. Da die privaten Räumlichkeiten nicht mehr ausreichend Platz boten, kam es, dass mitten im Schnoor in 2005 das jüngste Bremer Museum mit sehr, sehr alten Kostbarkeiten entstand. Allenfalls drei Prozent der vor 2500 Jahren geschaffenen attischen Vasen sind heute noch erhalten. Die Sammlung Zimmermann wird ob ihres Umfangs und ihrer Schönheit von Fachleuten als spektakulär gefeiert – griechische Kultur-Zeitzeugen mitten in Bremen.

Einzigartig war die Kunstfertigkeit der Töpfer und Zeichner in und um Athen in jener Zeit. In drei Brennvorgängen schufen sie reich bebilderte Vasen, Schalen und Gefäße, die immer auch eine Funktion hatten, nicht allein Schmuck waren. Die Abbildungen zeigen detaillierte Szenen, die Heldentaten schildern, Götter darstellen oder sich vielfältigem Vergnügen widmen. Und den Benutzer gerne mit einem eingebrannten Trinkwunsch begrüßten.

Das Antikenmuseum bietet mit den »Bremer Antikengesprächen« eine Vortrags- und Kolloquienreihe zur Kulturwelt der Antike.

»Nike mit Dreifuß« Lekythos des Berliner Malers, um 480/70 v. Chr.

Weiterlesen
Matthias Steinhart: »Töpferkunst und Meisterzeichnung«
Attische Wein- und Ölgefäße aus der Sammlung Zimmermann
Verlag Philipp von Zabern, Mainz 1996

Parcours 2 | **2 Wissenschaft**

⇢ **Stadtbibliothek** Im Forum, Am Wall 201

Von der Kriminalpolizei zur Krimi-Bibliothek
Die Stadtbibliothek im ehemaligen Polizeihaus

Mit der Lesehalle auf dem Ansgarikirchhof hat es vor über 100 Jahren angefangen: das öffentliche Bibliothekswesen in Bremen. Mehrere Ortswechsel hat der wachsende Bestand an Büchern und Medien hinter sich: über Breitenweg, Parkstraße und Schüsselkorb führte der Weg der Stadtbibliothek 2004 in das renovierte, ehemalige Polizeihaus am Wall (1904 errichtet). Keine originär als Bibliotheksgebäude geplante Architektur, aber eine im Kern völlig umgebaute Lokalität, die statistisch gesehen heute für jeden Einwohner der Stadt mindestens ein Medium bereithält: weit mehr als 500 000. Alle Altersgruppen vom Erstklässler bis zur Uroma finden hier Rat bei der Suche nach dem rechten Buch oder Hörspiel.

Neben der Ausleihe von Krimis, DVDs und mehr erlaubt uns die integrierte Graphothek einen weiteren, besonderen Luxus: Kunstwerke auszuleihen und für einen Zeitraum von drei Monaten die eigenen Wände damit zu schmücken.

Das neue Domizil ist auch Sitz der Rudolf-Alexander-Schröder-Stiftung, jener Stiftung, die jährlich den Literaturpreis der Freien Hansestadt Bremen vergibt, sowie des deutschen Tanzfilminstituts Bremen.

Parcours 2 **3 Kunst**

⤏ **Wilhelm-Olbers-Denkmal** Wallanlagen

Pallas Athene und ein Genius
Wilhelm-Olbers-Denkmal am Wall

Es hat nur den Anschein, als solle Wilhelm Olbers auf das Polizeihaus weisen, denn er stand schon mehr als 50 Jahre vor der Fertigstellung des Gebäudes (1904) auf seinem Sockel. Olbers war die erste Bremer Persönlichkeit, der ein Denkmal gesetzt wurde – in vorkapitalistischer und vorrevolutionärer Zeit des Bürgertums. Zum damaligen Panorama mit Kaffeehaus und Konditorei wandte sich die Figur, und doch galt ihr Blick immer nur den Sternen.

Wer mehr über die Astronomie in Bremen erfahren möchte, begebe sich auf den Astrowalk der Bremer Touristik-Zentrale (www.astrowalk.com)

Mit besonderem bürgerlichem Selbstbewusstsein präsentierte sich einer der größten Söhne der Stadt.

Carl Steinhäuser, in Rom tätiger Bildhauer aus Bremen, stellt Olbers mit bürgerlichem Hemd dar, über das er ein antikes Gewand wallen lässt. Vier Reliefs zeigen auf dem Sockel die geistigen Hintergründe und gesellschaftlichen Zusammenhänge des Wissenschaftlers Wilhelm Olbers: Medizin und Astronomie, Pallas Athene – Göttin der Weisheit und der Künste – sowie einen Genius, der Olbers' Fernrohr stützt (s. S. 2).

»Heinrich Wilhelm Matthias Olbers«, Portrait von Johann Schwartz, 1803

Die politisch-gesellschaftlich bedeutsame Plastik transportiert eine ganze Hand voll Inhalte und ist nach dem Roland das älteste Bremer Monument.

Medaille auf Olbers zum 50-jährigen »Doctor-Jubiläum« 1830

Zurückgehen
»Olbers blickt in die Sterne«, Sandstraße 15
Parcours 1

Parcours 2 **4 Kunst**

Kunsthalle Bremen Am Wall 207

Kunst in kollektivem Besitz
Kulturpolitisches Wirken hinter Gildemeisters Fassade

Der Kunstverein Bremen wurde 1823 als einer der ersten Deutschlands gegründet und ist nach wie vor privater Träger der Kunsthalle Bremen. 6000 Mitglieder fördern und »besitzen« heute die Kunstschätze. 1911 löste der Ankauf eines »Ausländers« – es war van Goghs *Mohnfeld* – den »Bremer Kunststreit« aus, der ganz Deutschland in zwei Kunstlager spaltete.

Ihrer avantgardistischen Haltung ist die streitbare Kunsthalle treu geblieben: Dem Traditionellen werden John Cage und Nam June Paik entgegengesetzt. Man bleibt nicht in der Geschichte stehen, Geschichte wird gemacht – dank der weitsichtigen Konzepte und bogenschlagenden Themenausstellungen ihrer Direktoren.

Die Kunsthalle enthält neben herausragenden Gemälden, Grafiken und Skulpturen das Kupferstichkabinett, eine weltweit renommierte Sammlung, die mehr als 230 000 Blatt Handzeichnungen und Druckgrafiken aus sechs Jahrhunderten bewahrt. Alle Abteilungen des Hauses leben seit über 180 Jahren von großzügigen Stiftungen, privaten Spenden, Nachlässen von Kunstfreunden und Zuwendungen der Stadtgemeinde Bremen.

rechte Seite: John Cage-Installation »Essay '82«

Die Fassade des Gebäudes schuf der Bremer Architekt und Baumeister Eduard Gildemeister, der mit der Erweiterung des rasch zu klein gewordenen ersten Hauses 1904 eine seiner reifesten Leistungen ablieferte.

Später gehörte Gildemeister, ein Vertreter des noblen Klassizismus, zu den Mitbegründern des Bundes Deutscher Architekten, BDA. Die Pläne für eine erneute Erweiterung des Hauses sind weit gediehen, so dass in Zukunft weiterhin international bedeutende Kunst in Bremen gezeigt werden wird.

Malerei der Renaissance und moderne Medienkunst im Dialog

Parcours 2 | **5 Kunst**

⤑ **Gerhard Marcks Haus** und **Wilhelm Wagenfeld Haus**

Zwei weiße Schwestern
Kunst und Design im Zentrum

Waldemar Grzimek im Gerhard Marcks Haus

Verlässt man die Altstadt nach Osten, passiert man die beiden weißen Schwestern mit ihren dorischen Säulen. Anmutig flankieren sie den Weg von der Kunsthalle zum Theater hin zum Ostertorsteinweg, vormals dem befestigten Handelsweg Richtung Hamburg.

Heute sind die Torhäuser der Kunst gewidmet. Das kleinere Haus zur Rechten bewahrt seit 1971 den Nachlass des Bildhauers Gerhard Marcks. 400 Skulpturen sowie 120 000 Handzeichnungen und Druckgrafiken sind in dem Museum versammelt, das in beispiellosen Ausstellungen immer wieder bedeutende Bildhauer von Barlach bis Beuys präsentiert.

Ausstellung »Designpreis 2006« im Wilhelm Wagenfeld Haus

»Freiheitskämpfer« Fritz Cremer, 1947, Gedächtnisstätte am Wilhelm Wagenfeld Haus

Gegenüber liegt die ehemalige Ostertorwache, die kaum erahnen lässt, was über 170 Jahre lang hinter ihren Mauern geschah. 1828 in Betrieb genommen, diente das Gebäude als Gefängnis. Gesche Gottfried war bis zu ihrer Hinrichtung auf dem Domshof (siehe auch Parcours 1) eine der ersten Inhaftierten. Mitunter befanden sich weit über 100 Gefangene in den Zellen, die die Bremer Gestapo im Krieg als Folterkeller und »Schutzhaft«-Raum nutzte. Bis in die 1990er Jahre mussten Abschiebehäftlinge unter unwürdigen Bedingungen in den Zellen sitzen, von denen ein Trakt mit fünf Zellen als Gedächtnisstätte erhalten ist.

Das Gebäude ist heute Modellstandort für die »kreativen Industrien« Bremens. Seit 2006 treten Design Zentrum Bremen und Wilhelm Wagenfeld Stiftung unter dem Label »Design im Zentrum« auf, gemeinsam mit dem Förderverein des Hauses, der Gesellschaft für Produktgestaltung. Interessierte Besucher erwarten neben dem Nachlass des Industriedesigners Wilhelm Wagenfeld spektakuläre Design-Ausstellungen.

Wilhelm Wagenfeld, 1954

»Bauhausleuchte« Metallversion, Staatliches Bauhaus Weimar, 1924

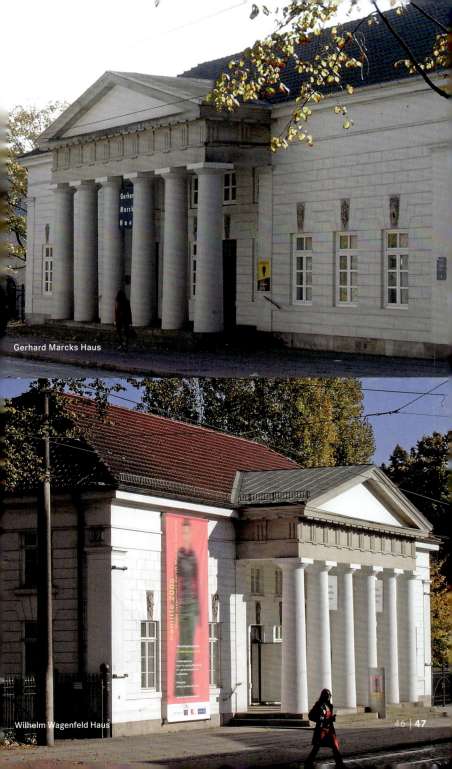

Gerhard Marcks Haus

Wilhelm Wagenfeld Haus

⤑ **Theater am Goetheplatz**

Ein Spiegel der Gesellschaft
Das Bremer Theater setzt experimentelle Punkte

Das Theater am Goetheplatz wurde im Jahre 1913 eingeweiht. Bei Luftangriffen 1944 wurde das Haus fast vollständig zerstört. Nach dem Krieg entschloss sich die Stadt Bremen, dieses Gebäude – und nicht etwa das frühere Stadttheater am Wall – als neues städtisches Theaterhaus wieder aufzubauen. 1950 konnte die Wiedereröffnung gefeiert werden.

Das Theater war immer ein Spiegel der gesamtgesellschaftlichen Entwicklungen. Die Intendanz von Willi Hanke, der das Haus von 1949 bis zu seinem Tod 1954 leitete, war sehr vom »allgemeinen« Aufbau geprägt; unter Albert Lippert – Intendant zwischen 1955 und 1962 – wurde das Theater etabliert und konsolidiert, ehe im Jahre 1962 der Mann in die Hansestadt kam, der für den Aufbruch zu neuen Ufern stand: Kurt Hübner. Unter seiner Leitung erreichte das Bremer Theater eine Strahlkraft nach außen wie später in dieser Form niemals mehr; der »Bremer Stil« mit jungen Regisseuren wie Peter Zadek, Peter Stein oder Rainer Werner Fassbinder wirkte in einer Zeit des gesellschaftlichen Umbruchs bahnbrechend für das gesamte deutschsprachige Theater. 1994 kam Klaus Pierwoß als neuer Generalintendant nach Bremen. Ihm gelang es aus einer schwierigen Situation heraus, das Haus wieder zu einem wichtigen Faktor der Stadt zu machen. Seit 2004 zeigt sich das Theater am Goetheplatz nach einjähriger Umbauzeit in neuem Glanz. Durch zahlreiche Maßnahmen wurden der Zuschauerraum, Licht- und Tonanlagen und der gesamte Servicebereich erweitert und optimiert.

Werbeanzeige der Freien Hansestadt Bremen, Anfang der 1970er Jahre

Weitergehen
»Ich bin ein Elefant Madame« von Peter Zadek; »Bremer Freiheit« von R. W. Fassbinder, Parcours 1

Parcours 2 | **7 Kunst**

⤳ »**Jüngling**« und »**Lidice**« Wallanlagen

Erinnern für die Zukunft
Jürgen Waller kombiniert mit Herbert Kubica

Als Maler ist Jürgen Waller bekannt geworden und in Bremen präsent. Sein Bild *Reitet für das Kapital* sorgte, noch in Berlin, 1972 für große politische Aufregung. Dann erhielt Waller den Ruf der Kunsthochschule Bremen. In seiner neuen Heimat schuf er u. a. große Wandbilder und war in der Bremer Kunstszene und Kulturpolitik sehr aktiv.

Waller war nicht nur Rektor der Hochschule (und trieb deren Umzug in den Hafenstandort Speicher XI voran), sondern auch Mitbegründer der »Gesellschaft für aktuelle Kunst« und Initiator des »Neuen Museums Weserburg« (beide auf dem Teerhof). 1985 gab es nach einem Bergwerksbesuch eine Zäsur in seinem Schaffen; fortan malte er nur noch in Schwarz. In diese Phase fällt sein Denkmal für die Opfer von Lidice, eine Skulptur, die eine andere unmittelbar mit einbezieht: den *Jüngling* von Herbert Kubica, der einst, noch mit einem Lorbeerkranz, an der Kirche Unser Lieben Frauen stand, im Krieg verborgen wurde und 1955 in den Wallanlagen einen Platz fand.

Die Kombination beider Werke dokumentiert eine typische Bremer Haltung zur Kunst: Positionen zu beziehen und Kunst im politischen und gesellschaftlichen Kontext zu betrachten.

Herbert Kubica, »Jüngling«, 1936

Jürgen Waller, »Lidice«, 1989

Parcours 2 **8 Kunst**

⋯› **»Der Rosselenker«** Wallanlagen

Unverhüllt
»Der Rosselenker« von Louis Tuaillon

Ein großartiges Beispiel spätklassizistischer Bildhauerkunst ist *Der Rosselenker* von Louis Tuaillon. Ursprünglich für einen Platz im Ortsteil Schwachhausen geplant, steht das lebensgroße Werk seit über einhundert Jahren in den Wallanlagen, die der Plastik einen ihr angemessenen Hintergrund geben.

Mensch und Tier präsentieren sich ausgewogen und harmonisch auf gleichem Niveau, wirken diszipliniert zurückhaltend und doch voll dynamischer Spannung.

In den 1970er und 1980er Jahren war der Lenker allerdings immer wieder Zielscheibe der Frauenbewegung. Sein Gemächt wurde mal mit einem Feigenblatt bedeckt, dann wieder leuchtend rosa übermalt.

In den Räumen der nahegelegenen Kunsthalle findet sich amüsanterweise ein weibliches »Gegenstück« zu dem nackten Mann, eine verkleinerte Statuette Tuaillons: eine Amazone, die, in ähnlich ruhender Dynamik, auf dem Rücken eines Rosses thront.

Louis Tuaillon, »Amazone«, 1903

Die in den Wallanlagen aufgestellte Bronze ist ein Neuguss von 1986. Das Original schuf Tuaillon, Meisterschüler von Begas, bereits 1902

Parcours 2 · **9 Kunst**

⤳ **»Das Ende«** Wallanlagen

Mit Brille wäre das nicht passiert
»Das Ende« von Bernd Altenstein

In den 1970er Jahren wurde der staatliche Auftrag, künstlerische Äußerungsformen in der Öffentlichkeit zu unterstützen, neu geregelt. Bremen entwickelte sich in diesem Metier zu einem Vorreiter und nannte die an Neubauten gebundene, staatlich verordnete »Kunst am Bau« nun »Kunst im öffentlichen Raum«.

Bernd Altensteins 1978 aufgestellte heftige Bronze, mit starkem inhaltlichem Ausdruck, *Das Ende* erfuhr recht bald einen handschriftlichen Zusatz aus der Bevölkerung: *»Mit Brille wäre das nicht passiert«.*

Während Altenstein, Professor an der Hochschule für Künste, selber nicht amüsiert war, gab es von Amts wegen eine stillschweigende Duldung dieser »Weiterführung« von Kunst im öffentlichen Raum durch die Öffentlichkeit. Heute ist der das Kunstwerk uminterpretierende Zusatz Bestandteil desselben geworden, zumindest in der Wahrnehmung der Bevölkerung.

Bernd Altenstein, »Das Ende«, 1978

⤷ **»Das Graphische Kabinett«** Rembertistraße 1a

Das Kabinett der großen Meister
R. A. Schröder und »Das Graphische Kabinett«

Rudolf Alexander Schröder stattete als Innenarchitekt Häuser, Passagierschiffe und den Senatssaal des Rathauses aus, entwarf Teile des Bremer Tafelsilbers und schuf ein weitgespanntes literarisches Werk – von Übersetzungen bis hin zu Kirchenliedern und Predigten. 1899 gründete er mit Alfred W. Heymel und Leopold Biermann die Zeitschrift *Die Insel* und 1902 den Insel-Verlag. Eigentlich sollte Peter Voigt, Neffe von R. A. Schröder, in den Insel-Verlag eintreten, entschied sich aber für den Kunsthandel und übernahm 1924 die Leitung des »Graphischen Kabinetts«. 1920 von Israel Neumann gegründet, hatte das Kabinett sehr früh mit der Ausstellung von Impressionisten für die Avantgarde gekämpft. Voigts Mutter, Lina, hatte 1922 den geschäftlichen Part übernommen und mit Geschick geführt. Sohn Peter knüpfte die Verbindungen zu führenden Impressionistenhändlern in Paris und Berlin sowie zu Sammlungen und Museen. 1927 wurde in dem klassizistischen Haus an der Rembertistraße eine bedeutende Ausstellung organisiert. Die »Französische Malerei des 19. und 20. Jahrhunderts« zeigte heute international bekannte Bilder von Cézanne, Corot, Degas, Delacroix, Gauguin, van Gogh, Manet, Monet, Picasso, Renoir und Toulouse-Lautrec. Bis es (ab 1935) politisch unmöglich wurde, stellte Voigt immer wieder auch bedeutende Expressionisten aus.

Max Beckmann, »Martha Stern und I. B. Neumann«, 1922

Seit 1970 führt Wolfgang Werner das »Graphische Kabinett« als renommierte Kunsthandlung. Die Tradition des Hauses, aufsehenerregende Ausstellungen auf hohem internationalem Niveau zusammenzustellen, wird bis heute fortgeführt. Der Schwerpunkt liegt wie in der Gründungszeit auf deutscher und französischer Kunst des 19. und 20. Jahrhunderts: Nabis, Fauve, Expressionisten, Blauer Reiter, Bauhaus, Neue Sachlichkeit, Dada, Informel.

→ »Die Raupe« Präsident-Kennedy-Platz

Kunst aus Kunststoff
»Die Raupe« von Bernd Uiberall

1974 fand auf dem Präsident-Kennedy-Platz über mehrere Monate ein öffentliches Bildhauer-Symposium statt. Die Werke der teilnehmenden Künstler verblieben anschließend an ihrem Entstehungsort. Die Objekte wurden im Laufe der Jahre von Kindern in Anspruch genommen, gehörig strapaziert und in der Folge abgebaut. Allein *Die Raupe* von Bernd Uiberall wurde zwischenzeitlich renoviert und hat bis heute überlebt.

Der aus Bassum bei Bremen stammende Uiberall hat an der Staatlichen Kunstschule Bremen sein Examen gemacht.

Bei der »Raupe« hat er für jene Zeit aktuelle, für sein Schaffen aber eher untypische Werkstoffe verwandt: Acryl, Polyester und Schaumstoff.

Seine *Boule-Kugeln* hat er später – zurück zu den Wurzeln – aus mächtigem Granit geschaffen. Nur wenige Schritte von der Raupe entfernt, kann man die Kugeln vom Eingang der nahe gelegenen Kohlhökerstraße aus erspähen.

···❭ **Staatsarchiv Bremen** Am Staatsarchiv 1

Hort und Hüter der Privilegien
Das Staatsarchiv weiß (fast) alles über die Stadt

Den ältesten Teil der Bestände des Staatsarchivs bilden Urkunden und Schriftstücke über Vorgänge rechtlicher Natur, in denen der Stadt und ihren Bürgern, geistlichen und weltlichen Instituten, Klerikern und Laien, Privilegien verliehen und Rechte bestätigt wurden. Seit 1221 ist die Institution der Hort der Geschichte der Stadt und ihrer Bevölkerung.

Zweierlei benötigt eine solch wichtige Einrichtung: einen Ort und eine Ordnung. Ursprünglich hatte das Archiv im Nordturm der Kirche Unser Lieben Frauen Quartier, dann an der Tiefer einen Bau erhalten, war im Kriege ausgelagert, hatte in Salzstöcken wirre Zeiten überdauert, um schließlich, nach einer Übergangszeit in einem Bunker Am Dobben, sein heutiges Domizil zu beziehen. Der Neubau von 1968 wird allen Anforderungen gerecht: Er lässt Publikumsverkehr zu und verfügt über ein ausreichend großes Magazin – bis heute zumindest.

Im 18. Jahrhundert schufen Archivare ein nach oben offenes System für Akten und Briefe des Staates, weil ihnen immer schon klar war, dass eine finale Vollständigkeit weder im Bestand, noch in der Systematik jemals erreichbar ist, ganz gleich wieviele Nachlässe und Schenkungen den Bestand erweitern.

Das Staatsarchiv ist der bedeutendste Ort für Nachforschungen in Bremer Geschichte. Damit wissbegierige Bürger und wissenschaftlich Forschende aufspüren, was sie suchen, hält es »Findebücher« und kundige Mitarbeiter vor. Mit der Veröffentlichung eigener Forschungsergebnisse trägt das Staatsarchiv aktiv zur Bildung neuen Wissens über die Stadt bei.

Ein Privileg für die Wassermüller von 1250, anhängend das erste Stadtsiegel mit Karl dem Großen und Bischof Willehad

Parcours 2 **13** Kunst

Ehem. amerikanisches Generalkonsulat Präs.-Kennedy-Platz

Eine Botschaft im doppelten Sinne
Das ehemalige amerikanische Generalkonsulat

Ästhetik auf Stelzen. Internationalismus auf halber Höhe. Oder die Rückkehr eines Stils.

Vom Bauhaus in Dessau ausgehend, vom »Stijl« in Holland beeinflusst, kehrte aus Übersee der »Internationale Stil« zurück nach Deutschland. Die amerikanische Architektengruppe Skidmore, Owens & Merrill (SOM) war 1953 noch in ihren Anfängen, als sie einen Orientierungspunkt für die deutsche Nachkriegsarchitektur setzte. Ein bescheidenes Verwaltungsgebäude mit vier Geschossen, ein Stahlskelettbau mit strengem Raster, die nachbarschaftlichen Proportionen aufnehmend, schlicht: ein Meisterwerk. Bauen als allgemeinverständliche Sprache über die Grenzen der Wortsprache hinweg.

Nach dem Auszug der amerikanischen Vertretung litt das inzwischen unter Denkmalschutz gestellte Gebäude stark. Es wurde 2006 grundlegend saniert.

Skidmore, Owens & Merrill (SOM) haben sich einstweilen zum führenden Architekturkonzern der USA hochgeschwungen. Amerikas höchstes Gebäude, der Sears Tower in Chicago, ist eines von 10 000 vollendeten SOM-Projekten. Ein weiteres ist eingangs der Marcusallee in Schwachhausen zu finden.

Das ehemalige amerikanische Generalkonsulat von Skidmore, Owens & Merrill (SOM), 1953

···› **Contrescarpe Center** Herdentor

Das hundsgemeine Dreieck
Oswald Matthias Ungers in Bremen

»Die Geometrie, die Befreiung von allen Metaphern«, sagt Oswald Matthias Ungers auf seine Kindheit in einem Benediktiner-Kloster in der Eifel zurückblickend, *»gibt einem die größte Freiheit in der Sprache der Architektur, weil sie mit den Grundelementen arbeitet.«*

Das Bürogebäude an der Contrescarpe (ein Begriff aus dem Festungsbau, der die äußere Böschung des Grabens bezeichnet) reizte ihn als Aufgabe. Er liebt die Herausforderung, ein Gebäude in eine Situation einzuordnen, um diese gestalterisch zu steigern – hier war eine Einordnung in die vorhandene Architektur und die historischen Wallanlagen gefragt, plus: eine Torsituation zu schaffen.

»Die Geometrie eines unregelmäßigen Dreieckes ist eine hundsgemeine Angelegenheit«, stellt Ungers fest und schaffte es doch, in kurzer Planungs- und Bauzeit die für ihn charakteristischen Qualitätsmaßstäbe umzusetzen. Initiiert wurde der Bau durch Klaus-Peter Schulenberg, der heute hier mit seinem inzwischen international agierenden Medienunternehmen residiert.

Im Lande Bremen ist das Gebäude mit der Fassade aus portugiesischem Kalkstein bereits der vierte Ungers-Bau. Berühmt wurde das Alfred-Wegener-Institut in Bremerhaven. Dort sind Quadrate und Halbkreise die geometrischen Grundelemente.

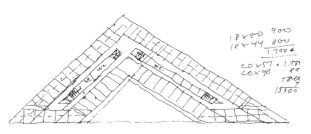

Skizzen von Oswald Matthias Ungers 2005

Zitate aus:
»Ungers Bremer Bauten«,
Aschenbeck & Holstein, Delmenhorst 2004

Parcours 2 **15 Kunst**

⇢ **Haus des Reichs** Rudolf-Hilferding-Platz

Dienstsitz des Finanzsenators nach einem Konkurs
Gesamtkunstwerk Haus des Reichs

Die Nordwolle war der größte europäische Wollkonzern, bei dem 1930 weltweit über 22 000 Menschen 22,1 Millionen Kilogramm Rohgarn produzierten. Mit der wachsenden wirtschaftlichen Bedeutung Bremens in den 1920er Jahren entschieden sich die Brüder Gustav Carl, Heinz und Friedel Lahusen, den Firmensitz von Delmenhorst zurück nach Bremen zu verlegen. Die Wahl fiel auf ein Grundstück an der Contrescarpe. Beauftragt mit dem Bau der Hauptverwaltung wurden zwei junge und weitgehend unbekannte Bremer Architekten: die Brüder Hermann und Eberhard Gildemeister.

»Wie kein anderes Bremer Haus in den 20er Jahren wurde die Nordwolle-Hauptverwaltung von ihnen zu einem Gesamtkunstwerk geformt – ein Bauwerk als Kunst. Die Kunstwerdung des Bauwerks sollte nicht nur die wirtschaftliche, sondern vor allem die geistige Größe der Bauherren herausstellen. Die Lahusens wollten kein austauschbares Kontorhaus bauen, wie sie es in Hamburg dutzendfach gesehen hatten. Sie wollten einen einmaligen Verwaltungspalast schaffen, der noch der Nachwelt von ihrer Größe zeugen würde« resümiert Nils Aschenbeck. Und: Die Funktionalität, das größtmögliche Maß an rationeller und effektiver Arbeit, war dabei einer der Grundsätze der Bauherren.

Im Februar 1931 – wenige Monate vor dem Konkurs der Nordwolle – erfolgte die Schlussabnahme des Bauwerks. Zu einer feierlichen Einweihung des Hauses kam es aber nicht mehr. 1934 ging das Gebäude an das Reichsfinanzministerium und damit an das Deutsche Reich über. Im »Dritten Reich« residierten dort die NSDAP und der Gauleiter.

Während des Krieges blieb das Gebäude relativ unbeschädigt. Fast alle Repräsentationsräume und bedeutenden Architekturdetails blieben erhalten. Nur die Kantine mit ihren schönen Speisesälen wurde zerstört. Nach Kriegsende wurde das Haus Sitz der Militärregierung. Heute beherbergt es den Senator für Finanzen und seine Ämter.

aus: »Haus des Reichs – Von der Nordwolle zum Senator für Finanzen« Architektur und Geschichte eines Bremer Verwaltungsgebäudes [Hrsg.]: Der Senator für Finanzen, Verlag H. M. Hauschild, Bremen 1999

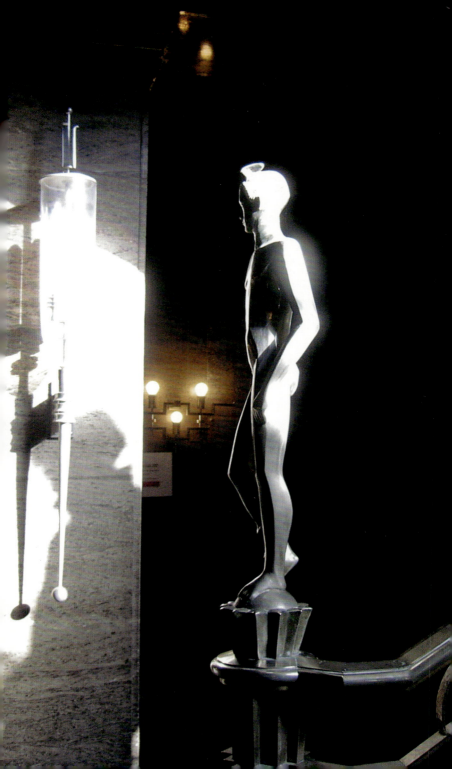

Parcours 3 | **WUNDER WEGE**

Parcours 3
Kaufmannschaften und Kontroversen: entlang der Weser, wie der Pegel auch steht

1. »Nosferatu« Schlachte
2. Schünemann-Haus
   Zweite Schlachtpforte
3. Kirche St. Martini
   Martinikirchhof
4. Kontorhaus
   Martinistraße 27
5. Böttcherstraße
   westlicher Abschnitt
6. Böttcherstraße
   östlicher Abschnitt
7. Olbers-Planetarium und
   Walter-Stein-Sternwarte
   Werderstraße 73
8. »Franziuseck« Werderstraße
9. Peter Weiss Grünenstraße
10. Neues Museum
    Weserburg Bremen Teerhof

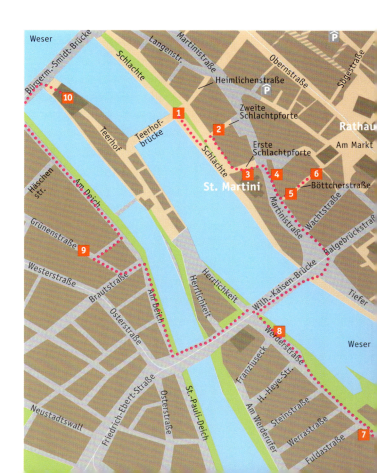

Parcours 3 · **1** Kunst

⤑ »**Nosferatu**« Schlachte

Das Grauen begann an der Schlachte
»Nosferatu« von Murnau

Nosferatu, der Untote, geht an der Schlachte an Land (Filmszene)

Das Genre des Vampir- und Gruselfilmes begann an der Schlachte in Bremen und begründete einen Mythos, der bis heute nicht an Faszination verloren hat.

Der lichtscheue Untote Nosferatu, alias Graf Orlok, geht genau hier von Bord und bringt 1838 das Grauen über das biedere Bremen – die Pest. Die Mannschaft des Schiffes ist schon dahingerafft, und nur das Liebesopfer einer Bremer Jungfrau kann die Stadt vor ähnlichem Schicksal bewahren. Sie hält den Vampir bis zum Morgengrauen bei sich und rettet die Bewohner vor dem Bösen.

Friedrich Wilhelm Murnau inszenierte 1922 eine stumme Symphonie des Grauens. Er drehte nicht, wie zu jener Zeit üblich, in Kulissen und Studiobauten, sondern an realen Schauplätzen und gab seiner Geschichte so den kalten Luftzug mit, der einen beim Betrachten schaudern lässt.

Tatsächlich war es gar nicht Murnaus Geschichte, sondern Bram Stokers Roman *Dracula*, der hier verfilmt wurde.

Ohne die Rechte einzuholen, änderte Murnau Namen und Orte und wurde sogleich von Stokers Witwe verklagt. Alle Kopien des Films sollten vernichtet werden, nur eine überstand den Bann und wurde sehr viel später in mühseliger Arbeit rekonstruiert.

rechte Seite: Wenn man bei trübem Wetter den Blick auf die Weser richtet, scheint man den Ruf des Totenvogels zu hören. Mit ein wenig Vorstellungskraft macht man den finsteren Grafen mit den krallenartigen Händen aus, der sich anschickt von Bord zu gehen

Weil es Murnau gelang, das Gespenstische zu personifizieren und das Unwirkliche realistisch werden zu lassen, gilt sein Film als expressionistisches Meisterwerk der Filmkunst.

Warum Murnau Bremen als Schauplatz wählte, bleibt bis heute im Dunkeln. Dass er damit die Wiege aller Dracula-Filme an die Schlachte stellt, ist schaurig genug.

Weitersehen
Im Original als 16-mm-Film entleihbar über das Landesmedienzentrum Baden-Württemberg, außerdem auf VHS erhältlich.

→ **Schünemann-Haus** Zweite Schlachtpforte

Der magische Realismus
Friedo Lampe

Friedo Lampe

Der Schünemann-Verlag gilt als der älteste noch am Gründungsplatz bestehende Verlag Deutschlands

Der magische Realismus betritt die Bühne der Literatur Anfang des 20. Jahrhunderts.

Seine Definition liest sich umständlich: Statt der abendländischen Vorstellung der Gegensätzlichkeit von Mythos und Logos wird im magischen Realismus der Mythos im Logos integriert. Die abendländische Rationalität wird durch die Synthese ausgehebelt, somit relativiert.

Die schönsten Werke dieser Literaturform lesen sich dagegen leicht und fließend, malerisch, lyrisch, atmosphärisch.

Friedo Lampe ist einer seiner bedeutendsten Vertreter. Im Vorkriegs-Deutschland veröffentlichte er *Am Rande der Nacht* und wurde bald darauf mit einem Schreibverbot belegt. Von gleichgeschlechtlicher Liebe und Beziehungen zu Afrikanern zu erzählen war unerwünscht. In *Septembergewitter* (1937) hat sich Lampe diesbezüglich bereits zurückgenommen. Hier beschreibt er von der Warte eines Ballonfliegers eine Stadt am Fluss. Man mag Bremen erkennen, wo man es möchte.

Lampes Leben endete jäh, zum Kriegsende wurde er in Berlin »versehentlich« erschossen. So blieb sein Werk zwar klein an Zahl und doch groß im Einfluss auf nachfolgende Schriftsteller.

Friedo Lampe ist im Schünemann-Haus als Lektor tätig gewesen. Heute bewegt sich das Verlagshaus zwischen Tradition und Innovation. Es verlegt Kunst, Zeitschriften, Bücher und Sprachzeitungen.

Weiterlesen
»Am Rande der Nacht« und »Septembergewitter« von Friedo Lampe

⤑ **Kirche St. Martini** Martinikirchhof

Lobe den Herren, den mächtigen König der Ehren
Neander in der St. Martini-Kirche

Geboren wurde Joachim Neumann 1650 in Bremen. Er übertrug seinen Namen ins Griechische und hieß fortan Neander. Diesen Namen wiederum gab er weiter. Mit 24 Jahren wurde er Rektor einer bedeutenden Lateinschule (mit beinahe 2000 Schülern) in Düsseldorf. In einem nicht fern gelegenen, damals noch engen romantischen Tal der Düssel hat Neander oft Ruhe zu Gesprächen und zum Dichten gesucht. Ihm zu Ehren wurde das Tal mit seinem Namen versehen.

Viel später erst, 1856, entdeckten Bergleute beim Abbau des hier anstehenden Kalksteines die Knochenreste frühzeitlicher Menschen, die als Neandertaler Weltruhm erlangten.

Neander selbst wurde berühmt durch seine pietistischen Kirchenlieder und Dankes-Psalmen, von denen *Lobe den Herren* das schönste und weltweit bekannteste ist.

1679 kehrte er als »Fiefen-Prediger« an der St. Martini-Kirche nach Bremen zurück. Er musste um 5 Uhr morgens für die Dienstboten Gottesdienst halten, damit sie rechtzeitig zum Ofenheizen bei ihrer Herrschaft sein konnten. Ein Jahr später starb Neander mit nur 30 Jahren. Gewohnt hatte er in den kleinen Räumen im Pastorenhaus neben der Kirche, auf deren Kirchhof er auch bestattet ist.

Parcours 3 | **4 Wissenschaft**

⋯▸ **Kontorhaus** Martinistraße 27

Vorrevolutionäre Ansichten über die Bremer
Kaufmannslehrling Friedrich Engels

Mit Zigarren handelte Konsul Heinrich Leupold an dieser Stelle, neben Leinen und Kaffee. Zwischen 1838 und 1841 ließ er den jungen Friedrich Engels hier den Kaufmann lernen und auf der Arbeit seine Zigarren schmauchen. Gewisse Freiheiten hatte der 20-jährige Industriellen-Sohn aus (Wuppertal-)Barmen: Er trank häufig Bier im Comptoir, spannte dort eine Hängematte auf und fand, neben zahlreichen Geschäftskorrespondenzen, oft Zeit, Briefe an seine Lieblingsschwester Marie zu schreiben. Hinter dieser Fassade hielt er in Worten und mit dem Zeichenstift fest, was er täglich sah und nachts erlebte.

Friedrich Engels bewegte sich zwischen der Hängematte im Kontor und dem Pfarrhaus gegenüber, in dem er bei Pastor Treviranus wohnte. Abends kehrte er im Ratskeller ein, wo er die ersten Pfeile in Richtung Bourgeoisie abschoss.

Mit spitzer Feder schrieb er lakonisch lästernd, aber auch brillant beobachtend, über Bremer Bürger und über Bauern, die er bei Ausflügen ins Umland bis nach Bremerhaven studierte.

Wem übermäßiger Lokalstolz nicht das Vergnügen verdirbt, der wird sich noch heute beim Lesen darüber amüsieren, was Engels zusammengefasst in dem Bändchen *Über die Bremer* zu berichten wusste – bevor er auszog, mit Karl

Friedrich Engels, ca. 1845

Vom Kontor aus gesehen und mit Humor betrachtet: Bremen zur Biedermeierzeit. Zeichnungen von Friedrich Engels

Marx wissenschaftliche Manifeste zu schreiben, in denen grundlegende Gedanken zur Umverteilung in Wirtschaft und Gesellschaft formuliert wurden.

Die Rokokofassade war »beweglich«: Sie zierte das Kontorhaus Martinistraße 11, zog nach dessen Abriss 1897 in die Langenstraße 70 und nach den Zerstörungen des 2. Weltkrieges 1965 zurück an diesen Ort, wo sie 210 Jahre zuvor errichtet worden war (allein die Hausnummern haben sich geändert).

Weiterlesen
Friedrich Engels: »Über die Bremer« Briefe, Aufsätze, Literarisches. Mit zahlreichen Zeichnungen. Erschienen bei Röver, Bremen 1966

Parcours 3 | **5 Wissenschaft**

⇢ **Böttcherstraße**

Rotes Herz und brauner Trank
Paracelsus in der Böttcherstraße

Ludwig Roselius, der Sohn eines Kaffeehändlers, gründet 1904 mit einem Kaffee-Kleinhändler, einem Pharmazeuten und einem Handels-Chemiker eine Gesellschaft zur Suche nach einem chemischen Verfahren zur Entkoffeinierung von Kaffee. Ein ganzes Jahr Forschungsarbeit vergeht ergebnislos, die Zusammenarbeit wird eingestellt. Roselius allerdings experimentiert auf eigene Faust weiter – und wird fündig.

1905 lässt er sich entkoffeinierten Kaffee und das Verfahren zu seiner Herstellung patentieren und gründet 1906 die Kaffee Handels-Aktien-Gesellschaft (Kaffee HAG).

Von Beginn an setzt Roselius auf innovative und massive Vermarktung seines Produktes – eine Strategie, für die er hierzulande als Pionier zu zählen ist. Die besten Grafiker, Künstler und Fotografen entwerfen Markenzeichen und Kampagnen. Für seinen stets als »bekömmlich«, gar »gesund« propagierten Kaffee steht zunächst der Rettungsring als Symbol, später das rote Herz.

Im Erdgeschoss des Haus Atlantis hat Roselius 1931 das »Institut für Leistungsprüfung« eingerichtet. Sämtliche Fähigkeiten, die für das Berufsleben in Betracht kamen, ließen sich hier prüfen. Weltruhm erlangte eine Anlage, die Herztöne laut hörbar machte.

Bernhard Hoetgers Paracelsus-Büste betrachtete das Treiben bis in die 1950er Jahre hinein vom Vorraum des Instituts aus, bis sie anschließend an ihren Platz am Haus St. Petrus umzog.

»Paracelsus«, Plastik von Bernhard Hoetger

linke Seite: Haus Atlantis, Treppenhaus von Bernhard Hoetger

Alfred Runge und Eduard Scotland prägten die Marke HAG

»Institut für Leistungsprüfung«, 1932 (heute »Captain Sushi«)

Foto: Stickelmann, ca. 1932

Parcours 3 | **6 Kunst**

Böttcherstraße

Kunst in der Böttcherstraße
Paula Modersohn-Becker und Bernhard Hoetger

»Ludwig Roselius« Plastik von Bernhard Hoetger

Über kaum ein anderes Ensemble gibt es mehr Publikationen, Meinungen und kontroverse Aussagen als über Bremens »heimliche Hauptstraße«: die 110 Meter lange Böttcherstraße, die heute Fußgängern vorbehalten ist. In Frage gestellt wird oft die politische Haltung ihres Erbauers, des Kaffeehändlers Roselius. Vermutlich hat der bei all seinen Unternehmungen stets (auch) kaufmännisch gedacht. Immerhin zählte er zeitweilig zu den reichsten Männern der Stadt.

Parallel zu seinen Geschäften hat Ludwig Roselius immer die Kunst gefördert. Mit dem Bildhauer Bernhard Hoetger bildete er so etwas wie ein »Duo Infernale«. Er beschäftigte Hoetger nicht nur als Bildhauer, sondern auch als Architekt und Designer der Inneneinrichtungen der Häuser, bis hin zu den Möbeln. Roselius und Hoetger brachten gemeinsam eine hochwertige, intelektuelle Zeitschrift heraus, schufen Kunst als Kommunikationsmittel und nutzten die Ergebnisse wiederum als »Propaganda« für den koffeinfreien Kaffee.

Paula Modersohn-Becker »Selbstbildnis am 6. Hochzeitstag«, 1906

Der Malerin Paula Modersohn-Becker bauten sie ein Museum. Das erste Museum überhaupt, das einer Malerin gewidmet ist. Heute glänzt es mit der umfangreichsten Sammlung ihrer Gemälde und sorgt mit klug konzipierten Ausstellungen (z. B. Gaudi, Beuys und Mataré) für Aufsehen.

Den Brückenschlag nach Worpswede zu machen und die vielfältigen künstlerischen Beziehungen der Böttcherstraße mit der dortigen Künstlerkolonie zu entdecken, sei jedem an der Kunst des frühen 20. Jahrhunderts Interessierten ans Herz gelegt.

Paula Modersohn-Becker Museum

rechte Seite: Jenny Holzer, »For Paula Modersohn-Becker«, 2005, digitales Leuchtschriftband im Treppenhaus des Museums

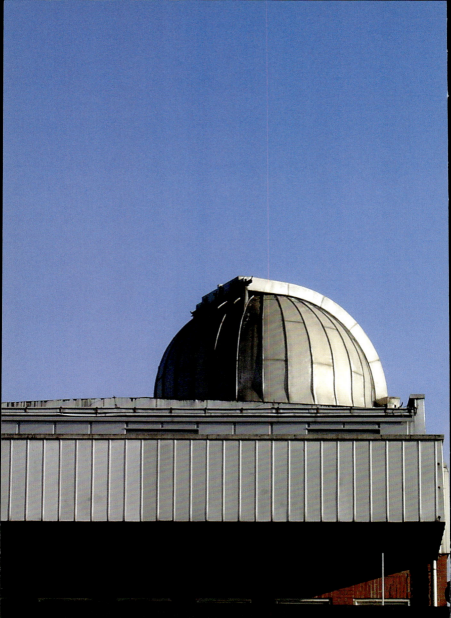

Parcours 3 | **7 Wissenschaft**

⇢ **Olbers-Planetarium** u. **Walter-Stein-Sternwarte** Werderstr. 73

Projektionen für Millionen
Olbers-Planetarium und Sternwarte

Ein Planetarium ist ein Raum mit einem künstlich erzeugten Sternenhimmel – nicht mit einer Sternwarte zu verwechseln, von der aus tatsächlich Himmelsobjekte beobachtet werden.

Mit einer Kuppel von sechs Metern Durchmesser wurde das Olbers-Planetarium 1952 eingeweiht und läuft laut Hersteller mit der längsten Betriebszeit seiner Bauart.

In der Kuppel arbeitete ursprünglich ein Projektor von Carl Zeiss, der bereits vor 1945 für die Ausbildung in astronomischer Navigation gebaut wurde (heute noch in Nordenham aktiv).

Paul Halbhuber, »Neptun«, 1958

Seit 1979 projiziert ein ZKP 2 unermüdlich Sterne an das Gewölbe. Da die Navigation mit Hilfe der Sterne in der seemännischen Ausbildung nur noch eine geringe Rolle spielt, bilden Schulveranstaltungen und öffentliche Vorführungen den Schwerpunkt im Bremer Planetarium. Dazu wird der Sternenprojektor durch multimediale Technik ergänzt, und das Haus bietet ein breitgefächertes Programm.

linke Seite:
Kuppel der Walter-Stein-Sternwarte

Von der Größe der Kuppel her gesehen bleibt das Planetarium ein Kleinplanetarium, aber seine Bedeutung ist groß: Es ist das meistbesuchte 6-Meter-Planetarium in Deutschland.

Drei Stockwerke über Bremens künstlichem Himmel beobachtet die Olbers-Gesellschaft mit einem 130-mm-Zeiss-Refraktor und einem Newton 400 den Himmel. Hier findet für die Bürger offene Forschung statt: Wissenschaft zum Mitmachen.

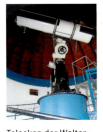

Teleskop der Walter-Stein-Sternwarte

Projektionen im Olbers-Planetarium

Bei wolkenlosem Himmel finden im Sommer öffentliche Sonnenbeobachtungen statt (mittwochs ab ca. 17 Uhr)

Parcours 3 | **8 Wissenschaft**

⇢ **»Franziuseck«** Werderstraße

Die Weser in den Griff bekommen
Ludwig Franzius stoppt die Versandung

An einem Fluss zu siedeln, ist das eine – ihn wirtschaflich zu nutzen, das andere. Die Kräfte der Natur in den Griff zu bekommen, um die Schifffahrt voranzutreiben und zu garantieren, aber dabei die Sicherheit der Bevölkerung nicht aus den Augen zu verlieren – eine solche Aufgabe bedarf eines weitsichtigen Ingenieurs.

Bremen fand seinen idealen Wasserbauer in Ludwig Franzius. 1875 von seinem Lehrstuhl in Berlin fortgemobbt, wurde er Oberbaudirektor an der Weser.

Das Hochwasser von 1880/81 lieferte das ausschlaggebende Argument. Franzius begegnete der Gefahr mit weitblickenden Plänen für die Weserkorrektion. Er stellte umfangreiche Berechnungen an, um die Hochwasser aus dem Weserbergland, den Tideneinfluss aus der Nordsee und Versandungstendenzen (die schon 1827 zur Gründung Bremerhavens geführt hatten) in Einklang zu bringen. Auf sein Geheiß konnte die Fahrrinne auf 5 Meter vertieft werden. Erste Hafenbecken wurden angelegt und später nach seinen Plänen erweitert sowie Schleusen, Brücken und Kanäle gebaut.

Die Büste, die hier an einen für Bremen so wichtigen Mann erinnert, stand samt einer Mauerumrandung schräg gegenüber auf der anderen Weserseite. Dort musste sie einem Speditionsneubau weichen – als ob Franzius' Errungenschaften der Wirtschaft zu gut getan hätten.

»Franziuseck«
In direkter Nachbarschaft die »Deutsche Gesellschaft zur Rettung Schiffbrüchiger« (DGzRS)

Parcours 3 **9 Kunst**

⇢ **Peter Weiss** Grünenstraße

Von der Grünenstraße zur Ästhetik des Widerstandes
Peter Weiss – Schriftsteller, Maler, Filmemacher

»*Die Stadt war mir fremd und trotzdem war es meine Heimatstadt. Die Straße war mir fremd und trotzdem wohnte ich hier irgendwo. Aber wo befand sich mein Haus? Nur vage erkannte ich die Torwege, die Mauern wieder. [...] Schließlich gab ich auf und setzte mich auf den Rand des Gehsteigs nieder. Ich sah, daß viele Menschen suchten wie ich.*«[1]

So beschreibt Peter Weiss literarisch das Heimkommen in die Straße seiner Kindheit, eine Rückkehr, die er im Klartext schon im ersten Band seiner Notizbücher veröffentlicht hat: eine Begehung der Neustadt mit seinem Jugendfreund Bertold. Durch die Häs-chenstraße (nicht Häschenstraße) in die Grünenstraße. »*Haustür Nr. 23, da wohntet ihr.*«[2], sagt Bertold, aber nur langsam kommt Weiss die Erinnerung zurück an den Ort, an dem er Gehen, Sprechen und Schreiben gelernt hat.[3]

Aus Berlin musste Weiss, Sohn eines konvertierten Juden, emigrieren. Später lebte er in Schweden, wo er u. a. Dramen schrieb. Für *Maret/Sade* erhielt er 1982, kurz vor seinem Tod, den Bremer Literaturpreis. Die letzten zehn Jahre seines Schaffens hatte Peter Weiss seiner Roman-Trilogie *Ästhetik des Widerstandes* gewidmet. Er unternimmt darin den Versuch, die historischen und gesellschaftlichen Erfahrungen sowie die ästhetischen und politischen Erkenntnisse aus der Zeit von 1917 bis 1945 zu vermitteln.

Ich ahne einen Raum, der ist grün, der Fußboden grün, die Tapeten grün, die Gardinen grün, und ich sitze auf einem erhöhten Porzellangefäß [...] und alles ist grün, und die Straße draußen ist grün, und die Straße heißt Grünenstraße.
aus: »Abschied von den Eltern«

1 aus: »Die Besiegten«
 Suhrkamp Verlag, Frankfurt a. M. 1985, S. 26
2 aus: »Notizbücher 1971-1980« Erster Band.
 Suhrkamp Verlag, Frankfurt a. M. 1981, S. 424
3 aus: »Der Bremer Literaturpreis«, Edition ›die horen‹,
 Neuer Wirtschaftsverlag Bremerhaven 1999, S. 281 f.

Parcours 3 **10 Kunst**

Neues Museum Weserburg Bremen Teerhof

Having been built on sand
Das Museum im Fluss schlägt neue Brücken

Eines der größten Museen für zeitgenössische Kunst in Deutschland ist das 1991 gegründete »Neues Museum Weserburg Bremen«.

Vier Speichergiebel bieten der gegenüberliegenden Schlachte die Stirn(seite) und machen an ihrem Fuße, Zentimeter über dem Wasserspiegel, schon eine deutlich verunsichernde Ansage:

Nicht allein diese Skulptur, sondern weitere in der Nähe zeigen an: Dieses Sammler-Museum bietet Exponate der verschiedenen internationalen Kunstrichtungen der letzten 50 Jahre (die allesamt privaten Sammlungen gehören).

»*Lawrence Weiner schenkte mir in einem Brief den Satz CUSP/SCHEITELPUNKT & SO WEITER*«, freut sich Gründungsdirektor Thomas Deecke nach 15 Jahren wegweisender Ar-

Sol LeWitt, »Three Triangles – Outdoor Piece for Bremen«, 2000, Bürgermeister-Smidt-Brücke

Juan Muñoz,
»Conversation Piece«,
1993,
Sammlung Lafrenz

beit über seine Abschieds-Ausstellung. Er hofft, *»dass diese Ausstellung so etwas wie ein Scheitelpunkt sein wird und sich das Museum danach weiter auf der Hochebene der Auseinandersetzung mit der Kunst unserer Zeit fortbewegen wird«.*

Zitate aus:
»Sammel-Leidenschaften« Katalog 2005
und TAZ, Bremen,
20. 7. 2005

Nachfolger Carsten Ahrens verspricht zu seinem Amtsantritt 2005 den *»Diamanten ›Neue Weserburg‹ weiter zu schleifen und zu noch mehr Strahlkraft zu verhelfen«.*

Bereits vor den Türen fordern »Outdoor-Pieces« Auseinandersetzungen heraus. Da ist Sol LeWitts Skulptur *Three Triangles*, die 2000 in Bremen auf dem Brückenkopf der Bürgermeister-Smidt-Brücke inmitten der Weser errichtet wurde, da sind Rückriems *Doppelstücke* vor dem Eingang.

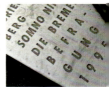

Und nur wenige Schritte Richtung Stadt findet man eine Aussparung im Brückengeländer: Die *Bremer Befragung* ist ein Werk des Konzeptkünstlers Jochen Gerz. Hinter dem Motto *Sine somno nihil* verbirgt sich eine Skulptur, die sich aus den Antworten tausender befragter Bremer Bürger formt und sich dem Betrachter erschließt, wenn er durch das Glas hinab in die Weser schaut.

Jochen Gerz,
»Bremer Befragung«,
Bürgermeister-
Smidt-Brücke

Mario Merz,
»Spiraltisch mit Iglu«,
1984, (installiert 1995)
Sammlungen Lafrenz

Parcours 4

WUNDER WEGE

Parcours 4
Hier spielt die Musik ohne Stadtmusikanten: an den Orten der Macht in der Innenstadt

1. »Neptun-Brunnen« Domshof
2. Kirche Unser Lieben Frauen
3. »Besselei« Hanseatenhof
4. Ansgarikirchhof
5. Günter-Grass-Stiftung Stadtwaage, Langenstr. 13
6. Bremer Stadtmusikanten Schoppensteel
7. Bremer Rathaus Am Markt
8. Bremer Ratskeller Am Markt
9. Gedenktafel Rathaus (Domseite)
10. Roland Marktplatz
11. Raths-Apotheke Am Markt 11
12. Haus Schütting Am Markt 13
13. »Der Tröpfler« Dieter-Klink-Platz
14. Haus der Bürgerschaft Am Markt 20

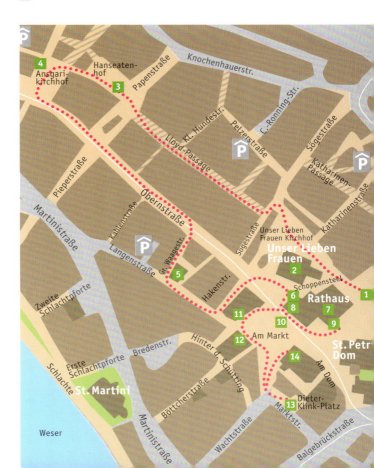

Parcours 4   **1 Kunst**

⋯⃕ **»Neptun-Brunnen«** Domhof

Inhalt, Form und Formverwandlung
»Neptun-Brunnen« von Waldemar Otto

1899-1940 stand auf dem Domshof der *Teichmannbrunnen* des Münchener Bildhauers Rudolf Maison. Er zeigte in dramatischer Darstellung ein Boot in bewegter See mit Neptun und Nixe.

53 Jahre später entstand ein neuer *Neptun-Brunnen*, geschaffen von einem der bekanntesten kritischen Realisten der Bildhauerei: Waldemar Otto.

Otto war, wie Bernd Altenstein (siehe auch »Das Ende«, Parcours 2), in Braunschweig Schüler Jürgen Webers gewesen. Gemeinsam bilden die beiden Professoren der Hochschule die »Bremer Schule«, die einzige Schule in Deutschland, die noch das Figürliche pflegt.

Beim *Neptun-Brunnen* hat Otto die Gusskanäle, die beim Gießen der Bronze technische Voraussetzung sind und üblicherweise entfernt werden, an den Rückseiten der Figuren sichtbar gelassen. Über seine Arbeitsweise sagt Otto: *»Deformation, Verformung ist für mich eines der wichtigsten künstlerischen Mittel. Formveränderung ist bei mir selbstverständlich immer ein Resultat der Veränderung der Inhaltlichkeit.«*

Der Installation des 1993 aufgestellten Brunnens ging wochenlang eine Leserbriefschlacht voraus. Heute wird das Wasser des Brunnen von Kindern und Passanten an heißen Sommertagen als erfrischendes Element geliebt.

Zitat aus: »Ausstellungskatalog, Waldemar Otto«,
Museum für Kunst und Kulturgeschichte, Lübeck 1987

Parcours 4 · **2 Kunst**

⇢ **Kirche Unser Lieben Frauen**

Abstrakte Fenster für eine alte Kirche
Die Farbkompositionen des Alfred Manessier

Die Annäherung zwischen der ältesten bremischen, noch dazu evangelischen Kirche und einem sehr fortschrittlichen französischen, katholischen Künstler aus der *École de Paris* in einer Zeit (1960er Jahre), in der abstrakte Kunst noch wenig Raum in Kirchen fand, war ein langer intensiver Prozess.

Kriegsschäden hatten es erforderlich gemacht, dass Unser Lieben Frauen, die Schlichte, gar Schmucklose, neue Fenster benötigte. Die Gemeinde bemühte sich um den Maler Manessier. Der entschied sich dann spontan für eine Zusammenarbeit, da ihn das Gebäude bei einem Besuch tief beeindruckte.

Die Themenvorschläge der Kirchengemeinde hat Manessier behutsam aufgenommen und umgesetzt. Die Kirchenfenster der Liebfrauenkirche gelten als eines seiner Hauptwerke.

Sie klingen wie ein Lobgesang, sie leuchten wie ein Choral – wenngleich sie nicht durchsichtig, leicht verständlich sind. Es bedarf des gesamten Laufes eines lichten Tages – und der in der Kirche ausliegenden Erläuterungen, um die ganze Pracht aller Fenster und ihr Zusammenspiel untereinander zu erfassen.

Alfred Manessier, »Komposition – Requiem«, 1957, Kunsthalle Bremen

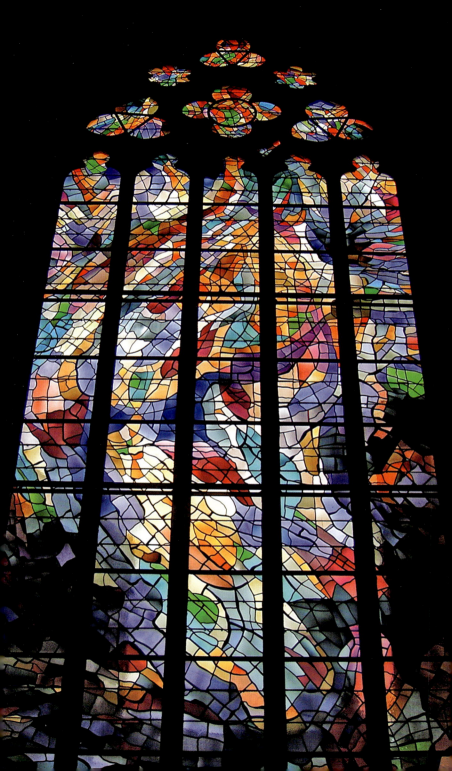

Parcours 4 **3 Wissenschaft**

⤑ **»Besselei«** Hanseatenhof

Noch ein Bremer Kaufmannslehrling auf Abwegen
Friedrich Wilhelm Bessel

Der unkonventionelle Berufsweg eines der bedeutendsten deutschen Wissenschaftler des 19. Jahrhunderts hat an dieser Stelle seinen Ursprung. Der in Minden geborene Friedrich Wilhelm Bessel begann bei Kulenkamp & Söhne an der Papenstraße eine Kaufmannslehre. Sein Hintergedanke war, mit den Handelsschiffen der Firma auf Reisen zu gehen. Zur Vorbereitung vertiefte sich Bessel in nautische Berechnungen und beobachtete Himmelskörper – mit Hingabe und großem Verständnis. Seine Beobachtungen und Berechnungen stellte er Wilhelm Olbers vor, der Bessels Qualitäten erkannte und ihm fortan wohlgesonnener Mentor war. Ohne höhere Schulbildung und Studium gelangte Bessel über die Station Sternwarte Lilienthal als Professor der Astronomie nach Königsberg – nicht aber als Kaufmann nach Übersee.

Der Künstler Jürgen Goertz erinnert mit seiner Monumentalskulptur *Besselei* an das Wirken des Wissenschaftlers an diesem Ort, der schon mit verschiedenartigen Gebäuden bebaut war. Das Kulenkampsche Kaufmannshaus musste dem Verwaltungsgebäude des Norddeutschen Lloyd weichen, an dessen Stelle heute ein großes Warenhaus steht.

Gedenktafel am ehemaligen Lloyd-Gebäude Friedrich Wilhelm Bessel wohnte an dieser Stelle (heute ein Warenhaus)

linke Seite:
Detail aus der Skulptur »Besselei« von Jürgen Goertz

Mit dem Fraunhoferschen Heliometer begann Bessel 1837 die Parallaxenmessung des Fixsterns 61 Cygni, die aus 3000 Einzelbeobachtungen bestand. Damit gelang ihm 1838 die erste zuverlässige Entfernungsbestimmung eines Sterns. Sie hatte nur 6 % Abweichung vom heute gültigen Wert

Parcours 4 | **4 Wissenschaft**

⤑ Ansgarikirchhof

Anstelle eines so bedeutungsvollen Bauwerks
St. Ansgarii, Carl Friedrich Gauß & Heinrich von Zütphen

Carl Friedrich Gauß
auf dem 10 DM-Schein

Von der Spitze bis zum Fuß und selbst bei ihrem Zusammenbruch hat die St. Ansgarii-Kirche ihre maßgebenden Momente gehabt.

In einer ihrer Seitennischen hielt Heinrich von Zütphen am 9.11.1522 die erste evangelische Predigt in Bremen und brachte so die Reformation in die Stadt. Es dauerte drei Jahre, bis die katholischen Gottesdienste eingestellt wurden und die Kirche sich zu einer Hochburg des evangelischen Glaubens gewandelt hatte.

1590 erhielt der Kirchturm eine neue Haube und war ab sofort mit 118 Metern die höchste Kirche der Stadt.

Daniel Kehlmann schreibt erheiternd über einen missgelaunten Besuch Gauß' bei Bessel in Bremen
»Die Vermessung der Welt«
Rowohlt Verlag, 2005

Grund genug für das mathematische und geodätische Genie Carl Friedrich Gauß, die Kirchturmspitze für die wegweisende hannoversche Landesaufnahme von Zeven aus als Triangulationspunkt ins Visier seiner Instrumente (Theodolit und selbstentwickelter Heliotrop) zu nehmen – diese Arbeit war auf dem letzten 10 DM-Schein verewigt.

Im Bombenkrieg wankte der Turm 1944 erheblich, stürzte schließlich nach einem letzten Bombeneinschlag mitten in das Kirchenschiff und zerstörte sich und die Kirche.

Heute erinnert nur noch die 1965 aufgestellte Bronze von Kurt-Wolf von Borries an dieses für Bremen so bedeutungsvolle und herausragende Bauwerk.

Parcours 4 | **5 Kunst**

┈┈▸ **Günter-Grass-Stiftung** Stadtwaage, Langenstraße 13

Endlich ein ausgewogenes Verhältnis
Die Günter-Grass-Stiftung in der Stadtwaage

Es war 1959 eine folgenreiche Entscheidung des Senats, den Bremer Literaturpreis nicht wie von der Jury gedacht an Günter Grass zu verleihen. *Die Blechtrommel* (siehe auch »Boheme und Blechtrommel«, Parcours 1) hätte geehrt werden sollen. Grass war – wer sollte es ihm verdenken – verstimmt, und doch fanden Stadt und Nobelpreisträger wieder zueinander. Im Jahre 2000 wurde die Günter-Grass-Stiftung gegründet, als »Audiovisuelles Archiv und rezeptionsgeschichtliche Forschungsstelle«. Hintergrund ist, dass es von keinem anderen deutschen Schriftsteller so viele Radio-, Fernseh-, Schallplatten- und CD-Aufnahmen gibt wie von Grass, der seine Werke seit Jahrzehnten selbst öffentlich gelesen hat. Die Stiftung hat den Auftrag, das elektronisch überlieferte Werk von Günter Grass zu erschließen und für die Öffentlichkeit verfügbar zu machen.

Ein Heim gefunden hat die Grass-Stiftung in den historischen Gemäuern der alten Stadtwaage. Deren prächtige Renaissance-Fassade war die erste Marke, die Lüder von Bentheim 1587 in Bremen hinterlassen hat, bevor er später Teile der Bremer Rathaus-Fassade umgestalten durfte.

ganz oben:
Aquarell zum Jahr 1959 aus »Mein Jahrhundert« von Günter Grass

oben:
Grass am Waschbrett in einer Düsseldorfer Jazzband

Kulturhaus Stadtwaage

Weiterlesen
www.guenter-grass.de

Parcours 4 **6 Wissenschaft**

⋯▷ **Bremer Stadtmusikanten** Schoppensteel

Den Brüdern zur Ehre
Was die Stadtmusikanten mit Um- und Ablauten gemein haben

Die vier tierischen Hauptdarsteller in dem berühmten Märchen der Gebrüder Grimm sind tatsächlich nie in Bremen angekommen, Stadt und Bevölkerung haben ihnen aber viele Denkmäler gesetzt. Heute treten die Stadtmusikanten als eines der bekanntesten Bremer Wahrzeichen auf und haben noch jeden angestrebten Imagewechsel überlebt.

Die bei Kindern und Touristen beliebteste Darstellung der vier ungleichen Genossen hat Gerhard Marcks 1951 geschaffen. Seine Bronze soll uns auch an die Gebrüder Grimm erinnern. Die werden immer im Verbund genannt.

Während Ludwig professionell zeichnete, trugen Wilhelm und Jacob mehr als nur Märchen zusammen. Ihnen gebührt große Ehre in der deutschen Sprachwissenschaft.

Jacob Grimm erarbeitete mit Wilhelms Hilfe die Grundlagen für die 1819 erschienene *Deutsche Grammatik*, das Grundbuch der germanischen Philologie. Die Grimms entdeckten dabei die Gesetzmäßigkeit des Lautwandels, des Ablautes, des Umlautes und der Lautverschiebungen und erweiterten entscheidend das Wissen um die Verwandtschaft der germanischen und indogermanischen Sprachen. Sie begründeten das *Wörterbuch der Deutschen Sprache,* an dem die Göttinger Akademie der Wissenschaften noch heute arbeitet.

Die »Göttinger Sieben«, zu denen Jacob und Wilhelm gehörten, initiierten politischen Protest gegen ihren König Ernst August von Hannover, der die Monarchie restaurieren wollte. Des Landes verwiesen, verloren sie ihre Lehrstühle und wurden erst Jahre später rehabilitiert.

Parcours 4 **7 Wissenschaft**

Bremer Rathaus Am Markt

Ungebrochene republikanische Tradition
Weltkulturerbe Bremer Rathaus

Dreimal haben die Bremer Großes für ihr Rathaus getan: 1405-1410 errichteten sie das gotische Rathaus, das 200 Jahre später durch Lüder von Bentheim im Stil der Spätrenaissance aufwändig verschönert wurde. Dabei blieb aber die Struktur des Baukörpers voll erhalten: ein dreistöckiger Saalgeschossbau auf einer großen Grundfläche. Der Keller war das städtische Weinlager mit Ausschank. Darüber die untere dreischiffige Rathaushalle. Zwei Reihen von je zehn mächtigen Eichensäulen tragen ihre Balkendecke. Hier wurden früher Stoffe, Pelze und andere kostbare Güter gehandelt. Über der »Unteren Halle« liegt die »Obere Halle«, einer der größten ungeteilten spätgotischen Festsäle in Deutschland. Über der flachen Saaldecke erhebt sich das gewaltige kupfergedeckte Walmdach. Sein Dachstuhl ist wie ein umgedrehter Schiffsrumpf gebaut.

oben:
Die Obere Rathaushalle

links:
Die Laubengänge öffnen
sich zum Marktplatz hin

Weiterlesen
Welterbeantrag »Das Rathaus und der
Roland auf dem Marktplatz in Bremen«.
Schünemann, Bremen 2003

Ungewöhnlich für Norddeutschland sind die Laubengänge, die zum Markt hin offen sind. Hier wurde Gericht gehalten, der Pranger stand gegenüber an der Einfriedung des Marktes. Der einzige wesentliche Zusatz im Renaissance-Bau war der mittig vorgesetzte Erker mit der zweigeschossigen Güldenkammer.

Um 1900 waren die Administration der Stadt stark angewachsen und der Prestige-Wettstreit zwischen den Städten Europas voll entbrannt. Pläne für ein riesiges neues Rathaus im historisierenden Stil wurden aber verworfen. Stattdessen wurde das alte Rathaus auf das Dreifache vergrößert, ohne in die vorhandene Bausubstanz einzugreifen, eine Meisterleistung des Architekten Gabriel von Seidl.

Die Güldenkammer wurde 1905 von Heinrich Vogeler gestaltet

Der Anbau, das Neue Rathaus, enthält Verwaltungsräume, Empfangshalle, Festsaal, Kaminsaal, Gobelinzimmer und Senatssaal. Die größte Leistung des Müncheners von Seidl liegt in der Behutsamkeit, mit der er den repräsentativen und funktionalen Anbau gestaltete, ohne das knapp halb so große Alte Rathaus zu erdrücken.

Diverse Innenräume gab man einheimischen Künstlern in Auftrag: Heinrich Vogeler gestaltete 1905 die Güldenkammer als ein Gesamtkunstwerk des deutschen Jugendstils. Rudolf Alexander Schröder schuf den Senatssaal. Bremer Bürger stifteten altes wertvolles Mobiliar.

Das Bremer Rathaus hat innen und außen die Kriege und Wirren des 20. Jahrhunderts fast unbeschädigt überstanden, und die Restaurierung der Fassaden erfolgte äußerst behutsam.

Rathaus und Roland wurden 2004 in die Liste der rund 800 Weltkulturerbe-Stätten aufgenommen, weil sie neben ihrem hohen kunstgeschichtlichen Wert ungewöhnlich gute Zeugnisse einer ungebrochenen republikanischen Tradition sind.

Eingangshalle
Neues Rathaus

linke Seite:
Neues Rathaus von Gabriel von Seidl, Architekt.
Obere Wandelhalle mit dem Standbild von Bürgermeister Smidt vor der Tür zum Bürgermeister-Zimmer

links:
Senatssaal
im Neuen Rathaus,
Ausstattung von
Rudolf Alexander
Schröder

Parcours 4 · **8 Kunst**

Bremer Ratskeller Am Markt

Schade, dass man Wein nicht streicheln kann Kurt Tucholsky
Der Bremer Ratskeller

1200 Sorten deutschen Wein bietet der Ratskeller. Und das Sterne-Restaurant L'Orchidée im Senatszimmer

»Als ich herauskam aus dem Keller, wo schon Heine saß, da dachte ich ›Oho!‹«, schildert Joachim Ringelnatz in seinen *Reisebriefen eines Artisten* die Effekte, die der Genuss von Wein bei ihm bewirkte. Als er den Ratskeller in Richtung Marktplatz verlässt, glaubt er im Roland einen Schauspieler zu erkennen, mit Brustwarzen an beiden Knien.

600 Jahre lang versorgt das köstliche Fundament des Bremer Rathauses nun schon Bürger und Fürsten, durstige Zecher und kultivierte Künstler mit einem riesigen Weinsortiment. Wer in Bremen zu Gast war, zog des Abends in den Ratskeller ein. Wein und Wirkung müssen tatsächlich stets beachtlich gewesen sein, denn nicht wenige Besucher erinnern sich rückblickend an ihre Erlebnisse und halten sie fest.

1826 schrieb der schwäbische Märchenerzähler Wilhelm Hauff *Die Phantasien im Bremer Ratskeller*, welche einhundert Jahre darauf den Münchener Maler Max Slevogt inspirierten, Hauffs Phantasien *al fresco* in den Putz des so genannten Hauff-Saals zu zeichnen. Noch freizügiger wurde ein Meisterschüler Slevogts, Karl Dannemann, der die Wände des großen Bacchus-Kellers mit weinseligen Motiven verzierte.

Unzählige namhafte und unbekannte Personen der Zeitgeschichte hat dieser Keller über seine Treppen wieder auf den Marktplatz entlassen, und nicht nur Ringelnatz wird dabei ein »*Oho!*« entfahren sein.

Fresko im Hauff-Saal von Max Slevogt

Parcours 4 | **9 Wissenschaft**

⇢ **Gedenktafel** Rathaus (Domseite)

Nicht nur ein Traum vom Fliegen
Die Stadt der Luft- und Raumfahrt

Eine Gedenktafel am Rathaus-Eingang erinnert an den ersten Atlantikflug von Europa aus, entgegen den widrigen Westwinden. 1928 war es die auf *Bremen* getaufte Junkers W33, die von Berlin über Irland nach Amerika flog (und heute restauriert auf dem Bremer Flughafen zu bewundern ist).

Diese Tafel steht aber für viel mehr als einen Flug, wenn wir sie exemplarisch für die Bedeutung der Stadt Bremen für die Luft- und Raumfahrt betrachten.

Heinrich Focke und sein Bruder Wilhelm machten bereits 1908 Gleitflugversuche am Bremer Weserdeich. Mit Freund Georg Wulf konstruierte Heinrich schon bald funktionsfähige Flugzeuge, und 1936 brachte Focke gar einen Hubschrauber in die Luft, den aufsehenerregenden FW 61. Die FW 200 Condor war die erste Passagiermaschine, die – von vier Propellern getrieben – Amerika im Nonstop-Flug erreichte (1938, siehe auch Gedenktafel am Haus Atlantis, Böttcherstraße).

Die Namen Focke-Wulf und Junkers mögen als Kriegsflugzeuge noch sehr geläufig sein, jedoch hatten die Gründer beider Firmen nach der Machtergreifung der Nazis bald keine Befugnisse mehr. Was sie nicht davon abhielt, in der zivilen Nachkriegsluftfahrt weiterhin für Schlagzeilen zu sorgen. Focke experimentierte in einem Windkanal, der heute in Bahnhofsnähe zu besichtigen ist, nachdem er 20 Jahre lang als »verschollen« galt.

Am Bremer Flughafen entwickeln und bauen Airbus und EADS Flugzeugteile, Trägerraketen (Ariane), Satelliten und Weltraumlabore. In der Nähe des Fallturms der Universität siedelt der privatwirtschaftliche Satellitenbauer OHB-Technology. Diese Firmen unterstreichen Bremens heutige zentrale Bedeutung für die Luft- und Raumfahrtindustrie mit Ausstrahlung in die Forschung.

Gedenktafel am Neuen Rathaus

linke Seite oben: Die »Bremen« 1928 auf dem Bremer Flughafen. Heute wieder zu sehen in der »Bremenhalle« des Flughafens

linke Seite unten: Empfang der Flieger Köhl, von Hünefeld und Fitzmaurice nach der Atlantiküberquerung in der Junkers W33 »Bremen«

»Ozeanflug 1928« von Alex Kirchner, Neues Rathaus

Parcours 4 · **10** Wissenschaft

···▸ **Roland** Marktplatz

Solange der Roland steht
Schutz und Freiheit für die Bremer

1404 wurde die größte und schönste Rolandstatue Deutschlands errichtet, als Auftakt für die räumliche Neugestaltung Bremens: Ein Jahr später begannen der Rathaus-Neubau und die Schaffung des heutigen Marktes. Der Bremer Roland ist das erste große freistehende Personen-Standbild unter freiem Himmel in Deutschland. Vielleicht hatte der steinerne Roland einen hölzernen Vorläufer, der soll von den Leuten des Erzbischofs zerstört worden sein. Früher hieß es, der Roland blicke dräuend auf den erzbischöflichen Dom. Tatsächlich schaute er wohl lächelnd auf die Handelsstraße nach Osten, den Händlern kaiserlichen Schutz und Freiheit zusichernd.

»Der Roland und die Freiheit«, das ist eine lange Geschichte. Etwa 1420 wurde das große Schild mit der Inschrift angebracht, die auf die angeblich vom Kaiser verliehenen Freiheiten verweist. Später wurde auf den Mantelsaum »*einem jeden das seine*« in Niederdeutsch geschrieben, aber dieser Satz verschwand wieder.

Jedes Jahrhundert hat die Freiheit anders gemeint und dem Roland Schilder umgehängt, auch die Hakenkreuzfahne und schließlich das Wappen von Werder Bremen.

Der historische Roland, ein Vasall Karls des Großen, hat mit all dem wenig zu tun. Er starb 778 in einem Nachhutgefecht gegen die christlichen Basken und wurde mit wenigen Worten in der Kaiserchronik erwähnt. 300 Jahre später avancierte er zum christlichen Helden im Kampf gegen die Muselmanen und wurde im *Chanson de Roland*, dem Rolandslied, in 4002 Versen besungen. Die Bremer Literaturwissenschaftlerin Gisela Febel bezeichnet ihn als einen »Medienstar«, der über acht Jahrhunderte in der Literatur, Musik und Malerei gefeiert wurde.

Heute im Zeitalter der Föderalismusdebatte zitieren die Bremer den alten Spruch »*Solange der Roland steht, bleibt Bremen selbständig*« – nur unter Napoleon und Hitler war er kurzfristig als Schirmherr politischer Freiheit entmachtet.

Weiterlesen
»Der Roland und die Freiheit«, herausgegeben von Gotthilf Hempel und Hans Kloft, Edition Temmen, Bremen 2004

⋯▸ **Raths-Apotheke** Am Markt 11

Handwerklich angewandte Naturwissenschaft
Die Raths-Apotheke

Die Bremer Raths-Apotheke ist der älteste Gewerbebetrieb der Stadt und zugleich der Ort, an dem am längsten angewandte Naturwissenschaft betrieben wird. Die Raths-Apotheke wurde in der Renaissance gegründet, zur Zeit des großen Paracelsus. Der erste große Apothekenbau wurde – wohl unter Mitwirkung des Rathaus-Baumeisters Lüder von Bentheim – errichtet als Doppelbau mit zwei spitzen Giebeln wie heute. Nicht Wissenschaft sondern Handwerkskunst bestimmte die Herstellung der Arzneien. Die Grenzen solchen Tuns sind im lateinischen Spruch über der Tür zu lesen: *»Weder Kräuter noch Umschläge haben sie geheilt, sondern Dein Wort, o Herr, das alles heilt.«*

Die Raths-Apotheker waren zu allen Zeiten wohlhabende und angesehene Bürger der Stadt, die aber unter strenger Aufsicht des Rates und des Stadt-Physikus standen. Gemeinhin waren die Apotheker Pächter des Rats, meist über mehrere Generationen. Nach 1800 wurde die Raths-Apotheke ein breit hingelagerter klassizistischer Bau, der 1893 abbrannte. Erstmals in der Geschichte Bremens bewilligte die Bremische Bürgerschaft einen öffentlichen Zuschuss für die Fassade eines Privathauses: Statt Empire war nun Neo-Renaissance angesagt, reich mit plastischem Schmuck aus allen Stil-Epochen versehen. In ihm lebten die Vorfahren der jetzigen Besitzer in großem Stil, bis 1944 Brandbomben das prunkvolle Haus zerstörten. Die heutige Fassade erinnert an die erste vor vierhundert Jahren: *»das erste Haus am Platze«.*

Weiterlesen
»Das Rathaus und seine Nachbarn«, Hauschild, Bremen 2005

»Hippocrates« Relief am Eingangsportal

Parcours 4   **12 Wissenschaft**

---> **Haus Schütting** Am Markt 13

Begegnungen mit der Wissenschaft
Der Club zu Bremen

Neugierig waren sie schon immer, die Bremer – nicht nur die Kaufleute auf gute Geschäfte mit fernen Ländern, auch die Bürger schlechthin, wenn es um neue Zeichen der Zeit ging.

Als die Aufklärung Mitte des 18. Jahrhunderts auch die Unterweser erreichte, taten sich aufgeschlossene Bremer zu einer Lesegesellschaft zusammen. Interesse an neuen Naturwissenschaften, insbesondere der Physik, kam hinzu und führte 1783 zur Gründung der »Gesellschaft Museum«.

Mehrfach wöchentlich gab es Vorträge, wie z. B. »*Erklärung und Geschichte der Luftpumpe*«. Wilhelm Olbers zählte mit über achtzig Vorträgen über Astronomie, Meteorologie, Physik und Chemie zu den eifrigsten Dozenten.

Nach der Franzosenzeit erlahmte der wissenschaftliche Elan. Im Club traf man sich, es wurde gespielt, Bibliothek und naturkundliche Sammlung wurden weggegeben, wobei letztere den Grundstock für das Überseemuseum bildete.

Eingangsschild »Der Club zu Bremen«, Haus Schütting

1931 regenerierte sich die Vereinigung als »Club zu Bremen« in von Roselius zur Verfügung gestellten Räumen im Haus Atlantis (Böttcherstraße) und besann sich seiner wissenschaftlichen Ursprünge. Heute residiert der Club im Schütting und ist mit über 220 Jahren der älteste seiner Art in Deutschland.

rechte Seite:
Der Schütting ist seit 1538 das Haus der Bremer Bürgerschaft, genau vis-a-vis dem Rathaus. Der Spruch über dem Portal stammt vom Bremer Bürgermeister, Schriftsteller und Journalisten Otto Gildemeister.

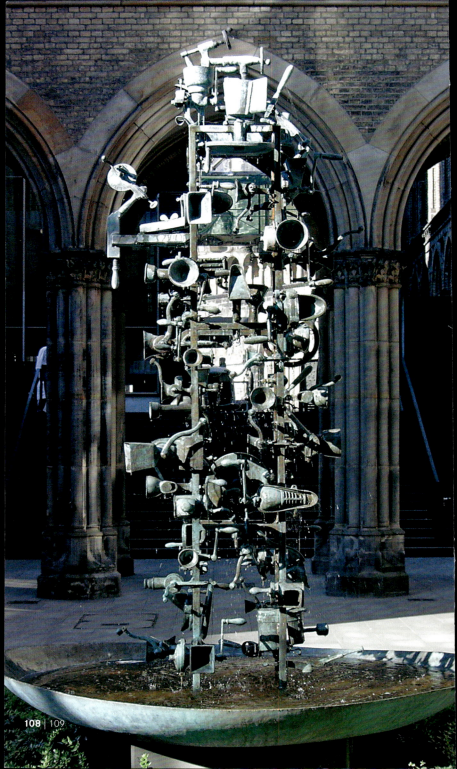

Parcours 4 | **13** Kunst

⤑ **»Der Tröpfler«** Dieter-Klink-Platz

Interpretationen einer Nahrungsquelle
»Der Tröpfler« von Daniel Spoerri

Bewegt und ereignisreich ist der Lebenslauf des D. Isaak Feinstein, der 1930 in Rumänien auf die Welt kam. Den Vater im Konzentrationslager verloren, gelangt er mit der Mutter in deren Schweizer Heimat, wird vom Onkel adoptiert und heißt fortan Daniel Spoerri. Seine abwechslungsreiche und vielgestaltige Laufbahn als Künstler beginnt in Bern. Spoerri tanzt Ballett und dreht Filme als Regisseur. Es treibt ihn nach Paris, wo ihn die bildenden Künste packen. Objektkunst und Gemälde erweitern sein Werk. Nach einem Aufenthalt in Griechenland zieht es ihn nach Düsseldorf, wo er Kunst und Gastronomie zusammenführt. Seine Werke beinhalten nicht nur die Thematik des Essens, nein, er ist gleichzeitig Betreiber eines Restaurants. Später erscheinen gar Kochbücher unter seiner Regie. Inwiefern der komplett aus Fleischwölfen gestaltete Brunnen am Dieter-Klink-Platz einen direkten Bezug zur Nahrungsherstellung hat, bleibt der individuellen Interpretation überlassen.

Ein Pendant zu dem 2004 in Bremen aufgestellten Brunnen »Der Tröpfler« findet sich in dem Skulpturengarten *Il Gardino di Daniel Spoerri*, einem weitläufigen Freiluft-Areal, das seit 15 Jahren die Toskana kulturell bereichert.

Daniel Spoerri anlässlich der Veranstaltung »EAT ART Bankett: un coup de dés« am 12.5.2006 in der Kunsthalle Bremen

linke Seite: »Der Tröpfler« am Dieter-Klink-Platz

Parcours 4 **14 Kunst**

Haus der Bürgerschaft Am Markt 20

Ein kompromissloser Kompromiss
Haus der Bürgerschaft und Skulpturenhof

Stadthalle, Aalto-Hochhaus, Haus der Bürgerschaft: das sind die drei international anerkannten Bauwerke Bremens der jüngeren Baugeschichte. Alle drei sind in den späten 1950ern geplant und in den 1960er Jahren fertig gestellt worden. Allein das Haus der Bürgerschaft ist nicht genau das geworden, was der Architekt Wassili Luckhardt entworfen hatte – andererseits hat es keine gestalterischen Modifikationen hinnehmen müssen, wie unlängst die Stadthalle.

Viel Diskussion und Ärger hatte es gegeben, bis Volksseele und staatliches Machtwort den Archtitekten von seinem kompromisslos modernen Entwurf abgebracht und u. a. die Andeutung von Dachgiebeln erwirkt hatten (auch Skidmore, Owens & Merrill hatten für das Amerikanische Generalkonsulat die dringende Empfehlung zu einem Steildach erhalten). Das Haus der Bürgerschaft nennen Fachleute heute einen »kompromisslosen Kompromiss«.

»*Ein dem Leben erschlossener, hochliegender Innenhof*« wurde 1952 bei einem Entwurf gepriesen. Tatsächlich aber hat es lange gedauert, bis gleich neben dem Eingang Leben einkehrte. Seit 2005 stehen, liegen und hocken nun verschiedene Skulpturen von Gerhard Marcks in dem nunmehr *Skulpturenhof* genannten seitlichen Hof.

Relieffries für das Haus der Bürgerschaft Bremen, 1966 von Bernhard Heiliger

rechte Seite: Skulpturenhof mit Arbeiten von Gerhard Marcks

Haus der Bürgerschaft in Bremen

Adressen
Öffnungszeiten

WUNDER WEGE

S. 12 | 13
Kirche St. Johann (kath.)
Klosterkirchenstraße, 28195 Bremen
Tel.: 04 21 | 3 69 41 15
Täglich 10-18 Uhr
www.kgv-bremen.de

S. 12 | 13
Birgittenkloster
Kolpingstraße 1c, 28195 Bremen
Tel.: 04 21 | 16 87 40
www.bonifatiuswerk.de/leseecke/
Birgittenkloster

S. 14 | 15
Institut für niederdeutsche Sprache
Schnoor 41-43, 28195 Bremen
Tel.: 04 21 | 32 45 35
Mo-Do 8-16.30 Uhr, Fr 8-15.30 Uhr
www.ins-bremen.de

S. 18 | 19
Altes Gymnasium
Hochschule für Künste Bremen
Fachbereich Musik
Dechanatstraße 13-15, 28195 Bremen
Tel.: 04 21 | 95 95-14 00
www.hfk-bremen.de

S. 22 | 23
Haus Vorwärts
Haus der Wissenschaft
Sandstraße 4/5, 28195 Bremen
Tel.: 04 21 | 21 86 95-00
Mo-Sa 10-19 Uhr
www.hausderwissenschaft.de

S. 28 | 29
St. Petri Dom (evang.)
Sandstraße 10-12, 28195 Bremen
Tel.: 04 21 | 3 65 04-0
Mittagsgebet: Mo-Sa 12.00-12.15 Uhr
www.stpetridom.de

S. 30 | 31
Bibelgarten, St. Petri-Innenhof
Sandstraße 10-12, 28195 Bremen
Im Sommer: täglich 10-22 Uhr

S. 34 | 35
Glocke Veranstaltungs-GmbH
Domsheide 4/5, 28195 Bremen
Tel.: 04 21 | 3 36 65
www.glocke.de

S. 38 | 39
Antikenmuseum im Schnoor
Marterburg 55-58, 28195 Bremen
Tel.: 04 21 / 6 39 35 40
Di-So 12-17 Uhr, montags geschlossen
www.antikenmuseum.de

S. 40 | 41
Stadtbibliothek, Im Forum
Am Wall 201, 28195 Bremen
Mo, Di und Fr 10-19 Uhr, Mi 13-19 Uhr,
Do 9-20 Uhr, Sa 10-16 Uhr
www.stadtbibliothek-bremen.de

S. 44 | 45
Kunsthalle Bremen
Am Wall 207, 28195 Bremen
Tel.: 04 21 | 3 29 08-0
Mi-So 10-17 Uhr, Di 10-21 Uhr
montags geschlossen
www.kunsthalle-bremen.de

S. 46 | 47
Gerhard Marcks Haus
Am Wall 208, 28195 Bremen
Tel.: 04 21 | 32 72 00
Di-So 10-18 Uhr
Führungen: jeden Do 17 Uhr,
jeden So 12 Uhr
www.marcks.de

Wilhelm Wagenfeld Haus
Design Zentrum Bremen
Wilhelm Wagenfeld Stiftung
Am Wall 209, 28195 Bremen
Tel.: 04 21 | 3 38 81 16
www.wilhelm-wagenfeld-stiftung.de
www.designzentrumbremen.de
Museumsbesuch (nur zu Ausstellungen)
Di 15-21 Uhr, Mi-So 10-18 Uhr
Führungen: So 13 Uhr und nach
Anmeldung (Tel.: 04 21 | 3 39 99 37)

S. 48 | 49
Theater am Goetheplatz
Bremer Theater
Goetheplatz 1-3, 28203 Bremen
Tel.: 04 21 | 36 53-0
Kartentelefon: 04 21 | 36 53-3 33
Öffnungszeiten Theaterkasse:
Mo-Fr 11-18 Uhr, Sa 11-14 Uhr
www.bremertheater.com

WUNDER WEGE

Adressen
Öffnungszeiten

S. 53
Graphisches Kabinett
Kunsthandel Wolfgang Werner KG
Rembertistraße 1a, 28203 Bremen
Tel.: 04 21 | 32 74 78
Mo-Fr 10-13 Uhr und 15-18 Uhr
www.kunsthandel-werner.de

S. 56 | 57
Staatsarchiv Bremen
Am Staatsarchiv 1, 28203 Bremen
Tel.: 04 21 | 3 61-62 21
Mo-Fr 9-16 Uhr, Do 9-20 Uhr
www.bremer-archive.de

S. 62 | 63
Haus des Reichs
Senator für Finanzen
Rudolf-Hilferding-Platz 1
28195 Bremen
Tel.: 04 21 | 3 22-0
Mo und Do 8-18 Uhr,
Di und Mi 8-16 Uhr, Fr 8-15 Uhr
www.finanzen.bremen.de

S. 69
Kirche St. Martini (evang.)
Evang. Gemeinde St. Martini
Martinikirchhof 3, 28195 Bremen
Tel.: 04 21 | 32 48 35
www.sanktmartini.de

S. 72 | 73
Haus Atlantis
Böttcherstraße 2, 28195 Bremen
www.boettcherstrasse.de

S. 74 | 75
Kunstsammlungen Böttcherstraße
Paula Modersohn-Becker Museum
Museum im Roselius-Haus
Böttcherstraße 6-10, 28195 Bremen
Tel.: 04 21 | 3 36 50 66
www.pmbm.de

S. 76 | 77
Olbers-Planetarium und
Walter-Stein-Sternwarte
Hochschule Bremen
Werderstraße 73, 28199 Bremen
Tel.: 04 21 | 59 05 46 78
www.planetarium.hs-bremen.de
www.olbers-gesellschaft.de

S. 80 | 81
Neues Museum Weserburg Bremen
Teerhof 20, 28199 Bremen
Tel.: 04 21 | 5 98 39-0
Di-Fr 10-18 Uhr, Sa und So 11-18 Uhr
montags geschlossen
www.nmwb.de

S. 86 | 87
Kirche Unser Lieben Frauen (evang.)
Unser Lieben Frauen Kirchhof 27
28195 Bremen
Mo-Sa 11-16 Uhr
So bis 13 Uhr (nach dem Gottesdienst)
www.kirche-bremen.de

S. 91
Günter-Grass-Stiftung
Kulturhaus Stadtwaage
Langenstraße 13, 28195 Bremen
Mo-Fr 10-14 Uhr, Mi und Do 16-19 Uhr
www.guenter-grass.de

S. 94-97
Bremer Rathaus
Am Markt 21, 28195 Bremen
www.rathaus-bremen.de

S. 98 | 99
Bremer Ratskeller
Am Markt, 28195 Bremen
Tel.: 04 21 | 32 16 76
www.ratskeller-bremen.de

S. 106 | 107
Haus Schütting
Der Club zu Bremen
Am Markt 13, 28195 Bremen
Tel.: 04 21 | 32 30 94
www.dczb.de

S. 110 | 111
Haus der Bürgerschaft
Am Markt 20, 28195 Bremen
Tel.: 04 21 | 3 61-45 55
www.buergerschaft.bremen.de

WUNDER
WEGE

Sponsoren
Impressum

Sponsoren
Wir danken den Förderern dieses Buchprojektes:

Nicolaus H. Schilling-Stiftung, Bremen

Impressum
© 2006 bei den Herausgebern und dem Verlag H. M. Hauschild GmbH, Bremen

Herausgeber
Prof. Fritz Haase und Prof. Dr. Gotthilf Hempel im Auftrag der Freundes- und Förderkreise der Hochschulen und Museen im Lande Bremen
Ein Beitrag zur **»Stadt der Wissenschaft 2005«**, Bremen

Texte
Hilmar Bender und Prof. Dr. Gotthilf Hempel

Gestaltung
Prof. Fritz Haase und Matthias Ramsch

Fotografie
Prof. Fritz Haase (sofern nicht anders vermerkt, siehe Bildnachweis)

Verlag, Druck und Buchbinderei
H. M. Hauschild GmbH, Bremen

Bildnachweis

WUNDER WEGE

Umschlag vorne:
Detail aus der Skulptur »Besselei« von Jürgen Goertz

Umschlag hinten:
»Neptun-Brunnen« von Waldemar Otto

Bildnachweis

Alle Fotos von Prof. Fritz Haase, außer

S. 16   Günter-Grass-Archiv, Stadtwaage; Abbildung aus dem Buch
»O Susanna«, erschienen im Verlag Kiepenheuer & Witsch, 1959
S. 17   Portrait und »Collage '67«: Katalog »Hans D. Voss«,
Kunsthalle Bremen, 1978
S. 19   Filmszenen: Deutsches Filminstitut (DIF)
S. 24   Szenenfotos und Theaterzettel: Archiv des Bremer Theaters
S. 29   »Knigge«, Kunsthalle Bremen
S. 33   »Wanås«, Foto: Anders Norrsell
S. 34   »STOMP-Workshop« u. »Bremer Philharmoniker«, Glocke Bremen;
»Großer Saal mit Flügel«, Foto: Mark Bollhorst, Glocke Bremen
S. 39   Vasenabbildung: Antikenmuseum im Schnoor, Bremen
S. 43   Gemälde und Medaille aus dem Buch
»Die Geschichte der Astronomischen Gesellschaft«
von Dieter Gerdes, Heimatverein Lilienthal
S. 46   Portrait Wilhelm Wagenfeld: © Wilhelm Wagenfeld Stiftung
Bauhausleuchte: © Wilhelm Wagenfeld Stiftung,
Foto: Joachim Fliegner, Bremen
S. 48   Werbekampagne 1970er Jahre
S. 53   »Das Graphische Kabinett«, Bremen
S. 57   Staatsarchiv Bremen
S. 61   Skizzen: Oswald Matthias Ungers
S. 66   »Nosferatu«: Abb. aus dem Buch »1001 Filme«,
Edition Olms, Zürich
S. 68   Friedo Lampe: Staatsarchiv Bremen
S. 70/ Zeichnungen von Friedrich Engels aus dem Buch
71   »Über die Bremer«, Friedrich Röver, 1966
S. 73   Archiv Böttcherstraße, Bremen;
»Institut für Leistungsprüfung«, Foto: Stickelmann, ca. 1932
S. 77   Olbers-Planetarium, Bremen
S. 79   Portrait Peter Weiss, Foto: Andrej Reiser/Suhrkamp Verlag
S. 86   Manessier, Kunsthalle Bremen
S. 89   Illustration: Fritz Haase;
Gedenktafel und Lloyd-Gebäude: Staatsarchiv Bremen
S. 91   Günter-Grass-Archiv, Stadtwaage
S. 92   © 2006 by Brüder Grimm Museum, Kassel
S. 98   Illustration: Hans Schwaiger, Ausgabe von 1895,
erschienen im Verlag für Vervielfältigende Kunst, Wien
S. 100 Staatsarchiv Bremen
S. 109 Kunsthalle Bremen - der Kunstverein in Bremen

Bücherliste | **WUNDER WEGE**

Bücherliste

Der Senator für Finanzen [Hrsg.]: »Haus des Reichs – Von der Nordwolle zum Senator für Finanzen«. Architektur und Geschichte eines Bremer Verwaltungsgebäudes, Hauschild, Bremen 1999

Emmerich, Wolfgang [Hrsg.]: »Der Bremer Literaturpreis«
Edition 'die horen', Neuer Wirtschaftsverlag, Bremerhaven 1999

Hempel, Gotthilf [Hrsg.]: »Das Rathaus und seine Nachbarn«
Verlag H. M. Hauschild, Bremen 2005

Manske, Hans-Joachim [Bearb.]: »Kunst im öffentlichen Raum, ein Kunstprogramm der Freien Hansestadt Bremen«,
Katalog zur Ausstellung, Goethe-Institut, München 1984

Manske, Hans-Joachim; Opper, Dieter: »Kunst im öffentlichen Raum in Bremen 1973-1993« (Bremer Bände zur Kulturpolitik),
Senator für Kultur und Ausländerintegration [Hrsg.],
Worpsweder Verlag, Worpswede 1993

Mielsch, Beate: »Kunst im Bremer Stadtbild«
Senator für Bildung, Wissenschaft und Kunst [Hrsg.],
Büro Bremen Werbung, Bremen 1984

Plagemann, Volker [Hrsg.]: »Ungers Bremer Bauten«
Aschenbeck & Holstein, Delmenhorst 2004

Schwarzwälder, Herbert: »Das Große Bremen-Lexikon«
Edition Temmen, Bremen 2002

Schwebel, Karl H. [Hrsg.]: »Das Staatsarchiv Bremen«, Veröffentlichungen aus dem Staatsarchiv der Freien Hansestadt Bremen, Band 36,
Schünemann, Bremen 1968

Steinhart, Matthias: »Töpferkunst und Meisterzeichnung. Attische Wein- und Ölgefäße aus der Sammlung Zimmermann«,
Verlag Philipp von Zabern, Mainz 1996

Aussichten
Folgende Bände »Wunderwege – Wanderwege« sind in Vorbereitung:
Band 2 »Bremerhaven«
Band 3 »Bremen«
       vom Hauptbahnhof bis Lilienthal, vom Flughafen bis
       Schwachhausen und von Blumenthal bis Bremen-Ost

Auf Wiedersehen in Bremerhaven